AF360327

A AIX, Chez RENE' ADIBERT Imprimeur du Roy.

ANALISE DES TEMOINS

PRODUITS PAR LE PROMOTEUR

en l'Officialité de Toulon.

POUR DEMOISELLE CATHERINE CADIERE.

CONTRE

Le Pere JEAN-BAPTISTE GIRARD Jesuite.

LORSQUE la Cour a confirmé la procedure faite à la Requête du Promoteur en l'Evêché de Toulon, si abusive, si contraire aux droits de la Justice Royale, & à la sureté des Sujets du Roy; ç'a été sans doute moins pour s'assujetir à suivre la foy des faux Temoins qu'il a produits pour procurer à l'Accusé l'impunité de ses crimes, que pour tout voir dans une affaire de cette importance; pour aprofondir jusques où peuvent aller les artifices iniques des Jesuites dans les procès de cette espece, ou pour conserver à la Demoiselle Cadiere la preuve de la Subornation qui fait un des chefs de sa plainte. Quoiqu'il en soit, la confirmation de cette procedure nous engage à faire l'analise de ces Temoins, & à prouver d'une part la Subornation dont nous nous plaignons, & de l'autre, que tout ce qu'on a fait dire aux Temoins produits par le Promoteur, est évidemment contraire à la verité, au témoignage de plus de soixante Temoins irreprochables, & aux preuves tirées des Lettres & des Aveus du P. Girard, & ne peut donner aucune atteinte à sa conviction; & pour cela nous employerons quelques observations generales, & ensuite nous fairons un examen particulier de ce que chacun de ces Temoins depose.

La premiere observation générale se tire de ce que les Jesuites étant convaincus d'avoir mis en œuvre les moyens les plus iniques & les plus criants pour forcer la Querelante à se départir de sa plainte, ou à varier, comme nous l'avons fait voir par nos précédents Mémoires; on peut aisément juger des artifices qu'ils ont employé auprès des Temoins pour leur faire dire tout ce qui leur a paru necessaire pour tirer leur Confrere d'un si mauvais pas, & d'une affaire si deshonorante pour la Societé, à laquelle ils croyent que tout doit être immolé, jusques à la Religion, suivant leurs maximes & leur morale. Seroit-ce ici le seul procès de cette nature où ils n'eussent pas mis en usage la Subornation?

La seconde observation generale est tirée de la qualité des Temoins qui ont été produits, & qui sont presque tous des Pénitentes stigmatisées du P. Girard ou du P. de Sabatier son Confrere, l'Auteur & le Solliciteur de ce honteux procès, comme nous le prouverons lors de l'examen de chaque Temoin. Si tout Directeur est censé

A

avoir un empire abfolu fur l'efprit de fes Pénitents : s'ils font prefumez n'avoir pas
la liberté de lui refifter, & ne pouvoir faire précifement que ce qu'il leur ordonne,
(c'eft pour cela que la maxime du Palais declare nulles toutes les liberalitez qu'ils
font en fa faveur) cela eft bien encore plus vrai à l'égard de ces Directeurs dont
parle l'Apôtre dans la 2ᵈᵉ. Epitre à Timothée Ch. 3. *Homines fe ipfos amantes, cu-*
pidi, elati, fuperbi, blafphemi, ingrati, fcelefti, fine affectione, fine pace, criminato-
res, incontinentes, immites, fine benignitate, proditores, protervi, tumidi & voluptatum
amatores magis, quam Dei ; habentes fpeciem quidem pietatis, virtutem autem ejus
abnegantes ..... Ex his enim funt qui penetrant domos & captivas ducunt mulierculas
oneratas peccatis, quæ ducuntur variis defideriis ; femper dicentes & numquam ad fcien-
tiam veritatis pervenientes ; fur tout ici où il s'agit de Confeffeurs fi capitalement
intereffez dans cette affaire, & de Pénitentes qui étoient les complices des crimes
de leur Directeur, & qui avoient prefque autant d'interêt que lui à trahir la verité pour lui en procurer l'impunité, qui leur devoit devenir en quelque maniere commune. Il eft aparent que quand la Cour n'a pas rejetté abfolument tous les Temoins qui fe confeffent aux Jefuites, & qu'elle n'a mis que *in religione* cinq des
Pénitentes ftigmatifées du P. Girard, ce n'a été que pour voir encore mieux toute
la manœuvre de cette Subornation ; car autrement de pareils temoignages peuvent-ils
foutenir un feul moment le regard de la Juftice ? Quelle foy peut-on donc ajoûter
à de pareils témoins, qui meritent toute l'indignation & l'animadverfion de la
Juftice ?

La troifiéme obfervation eft prife de la maniere dont ces témoins ont été produits.
A mefure que la Cadiere eut fait entendre par exemple les deux premiers Curez,
le P. Girard fous le nom du Promoteur fit oüir la Guiol fa confidente, & la Laugier fa Maitreffe ftigmatifée, & toutes deux fes pénitentes actueles, pour leur faire
dire fauffement le contraire de ce que les deux Curez avoient depofé ; & il a con-
tinué de même : de forte qu'on trouve perpetuelement cet odieux mélange, & cet
affreux contrafte dans tout le cours de la procedure ; n'eft-ce pas-là tout vifiblement
la marche de l'impofture & de la fubornation ?

La quatriéme eft tirée de la qualité de la partie qui a produit ces Temoins, &
du langage qu'ils ont tenu. C'eft le Promoteur qui les a fait oüir, c'eft le Vengeur
public de la Juftice Ecclefiaftique, qui n'en devoit produire que pour convaincre
le P. Girard, & le faire punir des crimes qui deshonnorent tant l'Eglife & la Religion ; cependant c'eft ce même Promoteur qui n'a fait entendre des Temoins que
pour leur faire depofer des faits juftificatifs en faveur de l'Accufé, & pour lui procurer fon impunité, comme nous le montrerons par l'analife de leurs depofitions.
La prévarication du Promoteur n'eft-elle pas une preuve fans replique de la fubornation des Temoins qu'il a produit ?

La cinquieme eft tirée de ce que ces Témoins n'ont depofé que des faits évidemment faux, & detruits par le témoignage des Témoins irreprochables de la
Demoifelle Cadiere, par les Lettres, & les Aveus de l'Accufé ; l'examen que nous
en fairons en particulier ne permettra pas d'en douter.

La fixieme obfervation generale fe tire de ce que la plufpart de ces Témoins
ont même depofé des faits non compris dans la plainte du Promoteur, ni dans
celle de la Demoifelle Cadiere, contre la difpofition des Arrêts de Reglement, &
fur-tout de celui du 8. May 1667. rendu en la caufe d'Anne Ollivier, qui prohi-
bent aux Juges de recevoir des depofitions fur des faits non renfermez dans la
plainte, & qui leur deffendent d'y avoir égard, à moins qu'il ne s'agiffe d'une
inftigation generale.

La feptieme eft fondée fur ce que la procedure renferme plufieurs preuves de cette
fubornation, & que l'Arrêt du 14. Août dernier a jugé que le P. Girard en étoit
convaincu. 1°. La Demoifelle Joinvillé 100ᵐᵉ. Temoin dans fa confrontation avec
la Querellante, dit que le P. Girard l'avoit follicitée de ne point parler de ce qu'elle
avoit vû de la Demoifelle Cadiere.

2°. Le Pere Aubani Obfervantin accufé d'avoir violé une Fille de 13. ans, qui avoit cherché son salut dans la fuite, fut rapellé, & le pardon de son crime lui fut accordé par la Justice Ecclesiastique, à condition qu'il fairoit non seulement la fonction de Faux-Témoin, mais encore de Subornateur, & qu'il n'oublieroit rien pour procurer au P. Girard son impunité. Il a parfaitement tenu sa parole, non content de faire lui-même une fausse deposition, comme nous le montrerons en l'examinant, il a fait agir le Pere Boutier Observantin son Oncle, & tous deux de concert, de l'ordre (disoient-ils) de Mr. l'Evêque, ils ont fait des menaces aux Religieuses du Couvent Sainte Claire d'Ollioules pour les empêcher de dire la verité, & il a encore de son chef suborné la Dame d'Aubani sa sœur, & 4. ou 5. autres Religieuses du même Couvent avec lesquelles il avoit d'étroites relations, en voici la preuve.

La Sœur de Prat 24. témoin dans sa confrontation avec la Demoiselle Cadiere, sur l'interpellation de celle-cy, dit d'avoir oüi dire à la Sœur de Portallis qu'elle avoit entendu que le P. Boutier Observantin avoit dit aux Religieuses que Mr. l'Evêque étoit faché contre les Filles de Service, qui avoient deposé, & que ce Prelat disoit qu'il fairoit mettre dehors la premiere, qui deposeroit.

Marie Gregoire 35. Temoin dit dans son Recolement que la Sœur de Camelin la cadete lui avoit dit, que si elle parloit, on lui donneroit la question ; & d'avoir oüi dire à une Tourriere apellée Marie, qu'un Pere Observantin dont elle ne sçait pas le nom avoit dit, que si elles parloient, dans 24. heures on les mettroit dehors, & qu'elle avoit repondu que si on la mettoit dehors Mr. l'Evêque lui donneroit une pension.

Marguerite Einaude femme de Daumas 100me. Temoin depose, *Qu'étant derriere le P. Aubani Observantin, qui parloit aux Religieuses à la fenêtre par où on les apelle, & qu'il leur disoit que Mr. l'Evêque étoit fort en colere de ce qu'elles avoient fait entendre leur Tourriere ; à quoi elles repondirent que leur Tourriere ayant été assignée, elle n'avoit pas pû faire autrement. Il leur dit encore que Mr. l'Evêque lui avoit dit de faire venir son Oncle, qui est le Pere Reverend apellé le Pere Boutier, & que le Pere Boutier étant venu, elle se trouva encore derriere lui au même endroit où elle s'est trouvée cinq fois de suite, & toujours derriere ce Pere, qui parloit, & que là elle entendoit le P. Boutier, qui disoit à la Superieure, & à une Sœur qu'il a dans le Couvent, que Mr. l'Evêque vouloit que si quelqu'une deposoit contre le Jesuite elle n'avoit qu'à sortir dans 24. heures ; à quoi la Superieure repondit qu'elle n'étoit point dans la dependance de Mr. l'Evêque, & qu'elle étoit contente de ces Filles qui la servent depuis 50. ans. Ce Temoin ajoûte dans son Recolement, Que le dernier Dimanche de Carnaval elle étoit assise à la porte de la Rüe du Monastere Sainte Claire, & le P. Aubani étoit assis au-devant du trou où la Portiere repond, elle entendit que la Sœur du P. Aubani lui disoit, s'il n'y avoit rien de nouveau, à quoy le P. Aubani repondit, ils sont plus que charmez de nôtre proposition ; & les trois Dames qui étoient là, qui sont la Dame de Beaussier, la Dame sa Sœur, la Dame de Camelin qui sont des quatre que le P. Aubani a suborné pendant un mois, lui dirent à midy nous parlerons d'affaire, Tante Daumasse.*

Cela prouve d'une part qu'on avoit mis en usage toute sorte de menaces auprès des Religieuses du Couvent Sainte Claire d'Ollioules, pour les empêcher de dire la verité, ou pour les forcer à la trahir ; & de l'autre qu'on a employé pour cela l'autorité de Mr. l'Evêque, & dit qu'on faisoit ces menaces de son ordre ; Quoy de plus odieux, ni de plus criant ! & c'est par là qu'on est venu à bout de suborner les Religieuses qui n'avoient pas encore deposé, & même de faire ajoûter au recolement des faits évidemment faux à celles, qui avoient deja deposé, comme nous le montrerons.

3°. Le P. Girard non content d'avoir fait faire à la Dame de Cogolin Religieuse Ursuline de Toulon sa penitente, une fausse deposition en sa faveur le 27. Janvier dernier, le lendemain 28. il lui fit encore écrire une Lettre à la Dame de Beaussier la cadete Clairiste d'Ollioules, pour lui persuader de suborner des Témoins, pour tacher de fournir des objets contre la deposition de Marie Materonne qui avoit depofé d'avoir vû plufieurs fois que le P. Girard baifoit la Cadiere ; & pour lui procurer des faits juftificatifs ; dans laquelle il lui marque les perfonnes qu'il faut faire entendre, & ce qu'elles doivent dire ; cette Lettre prouve même qu'il en avoit deja été écrit d'autres femblables ; & en execution de cette Lettre qui a été enfuite averée, la Dame de Beauflier la cadette aidée par le Pere Aubani fit depofer aux perfonnes y denomées, ou defignées , les faits qui y font marqués. La Dame de Beauflier la cadette qui avoit déja depofé, & qui n'avoit point parlé de ces faits faux , les ajoûta dans fon recolement , comme nous le montrerons par l'analife que nous en fairons , ce qui prouve que tout le plan de complot & de fubornation tracé dant cette Lettre a été litteralement executé ; & c'eft fur ce fondement que par le Jugement des Objets du 14. Aouft dernier la depofition de la Dame de Cogolin, qui avoit écrit cette Lettre fous le dictamen du P. Girard , fut rejettée avec indignation tout d'une voix , & celles de la Dame de Beauflier la cadette à qui elle avoit été adreffée, & du P. Aubani fon aide de fubornation , furent mifes *in religione*.

Tout cela prouve qu'on a employé à l'occafion de cette procedure la fubornation , & le complot les plus puniffables de la part de l'Accufé , de fes Confreres, & de leurs protecteurs, ou de leurs émiffaires, & que l'Arreft du 14. Août dernier l'a deja jugé. De là il s'enfuit que non feulement on ne doit ajoûter aucune foy aux Témoins de la fubornation defquels nous avons raporté la preuve, mais pas même aux autres contre lefquels il n'y a aucune preuve de fubornation , & que cela fuffit pour decrediter toute la procedure faite par les Jefuites fous le nom du Promoteur. Car c'eft une maxime conftante parmi les Docteurs, & les Criminaliftes qu'une fois qu'une Partie eft convaincuë d'avoir fuborné quelque témoin, elle eft prefumée les avoir tous fubornés ; qu'une fois qu'on a prouvé la fubornation de quelques Temoins oüis à la Requête d'une Partie, il n'en faut pas d'avantage pour en conclurre que tous les autres Témoins oüis à la pourfuite de la même Partie ont été pareillement fubornés , & pour decrediter entierement toute fa procedure , comme on le peut voir dans Guipape en fon Conf. 75., dans Mafcardus en fon traité de *Probat. Concluf.* 1340., & dans Farinacius en fon excellent traité de *Teftibus* Queft. 67. N. 256. parce qu'une partie n'eft pas cenfée s'être bornée à la corruption d'un feul Témoin. Cela eft encore plus inconteftable dans les procès de cette nature , & à l'égard des Jefuites fi habiles dans cet art, & qui font convaincus ici d'avoir employé les voyes les plus iniques pour étoufer la verité , & pour procurer à leur Confrere coupable fon abfolution, aux depens d'une Fille , & de trois Prêtres innocens. Il eft même notoire à Toulon , que lors de l'audition des Temoins à l'Officialité, le Pere de Sabatier, & autres perfonnes fe tenoient dans une fale voifine pour les fuborner , pour diffuader ceux de la Cadiere de depofer des faits graves contre le P. Girard , & que quand on ne pouvoit pas les diffuader, on leur arrachoit les copies, & on les renvoyoit ; ce qui l'avoit obligée de s'en plaindre par une Requête. A-t-on jamais employé tant d'iniquité pour étouffer la voix de l'innocence , & de la verité ? On peut juger par là qu'elle idée on doit avoir des Temoins oüis à la Requête du Promoteur. Mais achevons de developer ce miftere de tenebres par l'analife de tous les Temoins employés pour procurer à ce Coupable l'impunité de fes crimes : Rapellons ce que chacun d'eux a dit à la decharge du P. Girard ou contre la Demoifelle Cadiere, & montrons en la fauffeté.

Le premier de ces Témoins, qui eft le troifieme de toute la procedure, eft la fameufe Guiol penitente ftigmatifée du P. Girard , & encore fa confidente auprès de fes autres penitentes , & fur-tout de la Cadiere, comme il eft fi bien prouvé par la procedure , & par fa Lettre du 30. Aouft. Nous pourrions paffer fous filence la depofition d'un pareil Témoin fi peu honnorable à celui qui l'a produit, & à celui en faveur de qui il a été produit, puifque par le Jugement des objets il a été mis *in religione* avec la claufe *& noteteur.* En effet, qui, fi l'on en excepte le Promoteur de Toulon & les Jefuites, auroit le front de prefenter à la Juftice de pareils témoins? Mais quoique fa depofition ne puiffe faire ici aucune foy en faveur

de

de l'Accufé, nous croyons d'en devoir faire l'analife, pour tirer des fauffetés qu'elle contient la preuve de la fubornation, qui a été mife en ufage. Elle depofe 1°. que la Mere de la Demoifelle Cadiere, & fon Frere le Jacobin lui avoient dit que leur Fille, & Sœur étoit doüée de Dons Celeftes depuis l'âge de dix ans, pour perfuader que les Vifions, & les faits extraordinaires procedant de l'Obfeffion, ne pouvoient pas être imputés au P. Girard. La fauffeté de ce fait eft prouvée non feulement par une foule de Temoins irreprochables, mais encore par les propres Aveus du P. Girard fur les 9. & 23. Interrogats où il avoüe que les vifions & autres chofes extraordinaires de la Demoifelle Cadiere n'ont commencé que 14. mois après qu'elle fut fous fa direction, & fur le 41me. Interrogat où il fixe l'époque de l'Obfeffion qui étoit la caufe de tous ces faits extraordinaires à la fin de Novembre, ou au commencement de Decembre 1729. & par confequent 18. mois après qu'elle fut devenuë fa penitente.

2°. Elle dit que dans le voyage qu'elle fit en cette Ville d'Aix avec la Reboul & la Demoifelle Cadiere, celle-cy dans la Chaife roulante chantoit une chanson deshonnete, & que s'étant prife enfuite aux attaches de l'imperiale en élevant les pieds, & courbant le corps derriere, elle difoit dans cette fituation : mon Dieu icy, non ici. Ce font-là deux indignes impoftures ; la premiere étoit pour perfuader que la Querelante étoit une Fille derreglée ; la feconde pour faire accroire qu'il n'étoit pas vrai que la Demoifelle Cadiere eût été élevée en l'air dans ce Voyage, & que cette fituation étoit même de fa part une immodeftie. Le premier fait eft une impofture detruite par toute la procedure, & par la voix unanime de tout Toulon, qui prouve que c'étoit la Fille la plus refervée, & la plus modefte ; & pour faire fon panagerique fur ce point, ne fuffit-il pas de dire que la calomnie des Jefuites n'a rien trouvé à mordre en elle.

Le fecond eft detruit par la depofition de Meffire Giraud Curé, fecond témoin, qui dit que le 8. May jour de la Transfiguration de la Demoifelle Cadiere il trouva chez elle la Guiol à genoux, qui lui dit ; *Qui ne fe convertiroit en voyant cela*, & qu'ayant demandé fi cela lui étoit arrivé d'autre fois, la Guiol lui repondit qu'il lui étoit arrivé bien d'autres chofes, & qu'on l'avoit vûë élevée en l'air ; & par la depofition de la Dame Boyer 97. Temoin, qui ajoûte que la Guiol lui avoit dit, que dans le voyage qu'elle avoit fait à Aix avec la Demoifelle Cadiere, elle avoit vû celle-ci élevée deux pans en l'air au-deffus du couffin de la chaife roulante, & que par tout où la Cadiere avoit paffé on la regardoit comme une fainte.

3°. En parlant de cette Transfiguration du 8. May, elle dit que les marques, qui étoient empreintes de fang fur le vifage de la Cadiere, étoient feches, & verniffées ; pour faire entendre qu'elle s'étoit barboüillée. Mais c'eft là une impofture detruite non feulement par tous les Témoins, qui parlent des Transfigurations de la Cadiere raportés à la page 4. du Precis des charges, & fur-tout par celle de Meffire Giraud fecond Témoin qui depofe, que lors de cette Transfiguration les goutes de fang tomboint du front de la Cadiere fur fes joües, & qu'elle avoit une empreinte de fang fur la levre fuperieure, & fon menton avec plufiéurs goûtes de fang empreintes ; & par l'Aveu du P. Girard tant fur le 85. Interrogat où il dit qu'elle eut alors une Transfiguration femblable à celle du Vendredy-Saint, que fur les 61. & 62. Interrogat où il avoüe que le Vendredy-Saint elle avoit le vifage plein de fang ; & fur le 68. Interrogat où il ajoûte qu'on lui remit la ferviete dont on avoit effuyé fon vifage, qui en reprefentoit un enfanglanté ; & fur le 130. Interrogat il convient qu'un jour à l'Eglife le fang decouloit de deffus la tête de la Demoifelle Cadiere. N'eft-il pas prouvé par le Recolement des Dames de Lefcot, & de Reimbaud 20. & 22. Temoins que le jour de la Transfiguration du 7. Juillet il leur dit de garder l'eau mêlée de fang dont on avoit lavé le vifage de la Cadiere, parce qu'elle fairoit des miracles. Si la Guiol ne regardoit le fang du vifage de la Cadiere que comme un vernis, qu'elle fe fût mis, d'où vient qu'elle étoit à genoux devant fon lit, & qu'elle dit au Curé : *Qui ne fe convertiroit en voyant cela ?*

B

4°. Elle dit que la Cadiere lui avoit montré une croix, qu'elle l'avoit assurée d'avoir reçû miraculeusement ; & que cependant le nommé Euftache lui avoit dit ensuite qu'il lui avoit fait cette croix, afin de faire accroire que la Cadiere est une fourbe. Mais c'est-là une imposture de la part de la Confidente de ce Jesuite, puisqu'il est prouvé par la procedure, que ce n'est pas là une des deux croix qu'il avoit glissées dans le lit de la Cadiere, ou dans sa cassete pendant ses extases, ou ses accidents, & qu'il lui avoit fait accroire être des croix envoyées du Ciel ; mais c'est-là une des trois croix que la Cadiere avoit fait faire en memoire des deux autres, & dont elle en avoit donné une à l'Abbé Camerle qui est celle dont il s'agit, & les deux autres à la Dame de Reimbaud, toutes trois comme simples croix, ainsi qu'il est prouvé par la procedure, & sur tout par la deposition de cette Religieuse ; les deux croix pretenduës miraculeuses ayant été prifes la premiere par le P. Girard, & la seconde par l'Abbé Cadiere, qui la conservoit comme une relique, jusques à ce que les supercheries de l'Accusé furent decouvertes.

5°. Elle dit, que pour mieux reconnoitre si la Cadiere la trompoit, quand elle disoit qu'elle sçavoit le secret des consciences, elle l'avoit questionnée, sur des choses qui étoient fausses, & que la Cadiere lui avoit dit qu'elles étoient veritables. 1°. Il est prouvé par une foule de témoins raportés à la pag. 6. du Precis des charges, que la Demoif. Cadiere sçavoit le secret des consciences, & sur tout par la déposition de Meffire Giraud, qui depose que la Guiol lui avoit dit que la Demoif. Cadiere connoissoit le fonds des consciences ; qu'elle lui avoit deviné tout ce qu'elle avoit fait, & qu'elle avoit donné des avis à plusieurs Confesseurs. 2°. Cela est encore justifié par la Lettre du P. Girard du 22. Août, & par son Aveu sur le 26. Interr.

6°. Elle dit d'avoir oüi dire à la Cadiere : *Il faut donc nous separer ; car quelle figure fairois-je devant vous, pourrois-je soutenir votre vûë, sçachant que je vous ay trompée :* & qu'elle lui ajoûta : *Je suis prête de paroitre à Toulon pour faire amande honnorable, & declarer la corde au col, que j'ai trompé toute la Ville.* Mais ce n'est-là qu'une indigne imposture qui ne pouvoit sortir que de la bouche de la Maquerelle de l'Accusé, démentie par toute la procedure, & par la notorieté publique.

7°. Elle veut que la Cadiere lui ait dit que le P. Girard avoit la pureté des Anges, le zéle, & l'amour des Seraphins, & qu'il étoit doüé de toutes les perfections. Pour juger de la verité de cet éloge, on n'a qu'à jetter un coup d'œil sur la procedure, & sur les Aveus même de l'Accusé, & on verra s'il le merite, & s'il n'est pas convaincu du libertinage le plus affreux. Si c'est-là la pureté Angelique dont parle l'Institut des Jesuites, Part. 6. Chap. 1., bon Dieu quels Anges !

8°. Comme le P. Girard sçavoit que Meffire Giraud second témoin de la Demoif. Cadiere, avoit deposé que la Laugier, & la Reboul lui avoient dit, qu'elles ne faisoient aucune priere vocale depuis long-tems, il fait dire ici à la Guiol, qu'il lui donnoit des longues pénitences en prieres vocales ; qu'il lui faisoit reciter l'Office de la Sainte Vierge, & que pour achever ses prieres, elle étoit obligée d'emprunter une partie de la nuit. Qui ne sent le ridicule de cette imposture ? La vertueuse Guiol, femme d'un Menuisier, & confidente de ce Jesuite, recite tous les jours l'Office de la Vierge, & prie encore une partie de la nuit. Quel paradoxe ! Mais n'est-il pas justifié par la procedure, & surtout par la deposition de l'Allemande, que la Guiol lui avoit avoüé, qu'elle étoit dans une impuissance de prieres, & qu'elle ne pouvoit pas même faire la reverence au crucifix, qui étoit au chevet de son lit ? Et n'avons-nous pas prouvé invinciblement par nôtre Précis dans le chapitre du Quiétisme, que toutes les pénitentes stigmatisées du P. Girard étoient dans la même impuissance de prier vocalement.

9°. Elle depose que la Cadiere lui avoit dit qu'il n'étoit pas difficile de tromper le P. Girard, pour faire accroire qu'elle étoit une fourbe, & lui l'homme le plus simple du monde. Mais ce sont-là deux choses également difficiles à persuader. Nous avons montré le ridicule de ce pretexte à la page 6. de nôtre Réponse à son premier Mémoire ; & à qui croit la Guiol de pouvoir donner pour simple, & un idiot le Jesuite le plus éclairé, & le plus experimenté.

Elle finit fa depofition par prédire que le P. Girard auroit des grands tourmens à fouffrir. Si cette prédiction, qu'elle a pû faire avec plus de certitude qu'un autre, eft verifiée, ce fera la feule chofe qu'elle aura dit de vrai dans toute cette procedure.

Dans fon Recolement elle ajoûte d'une part un emportement qu'elle eut contre la Demoifelle Cadiere en prefence de Mr. l'Evêque, ce qui prouve combien elle eft fon ennemie (ç'auroit été là un objet fi l'on en avoit eu befoin contre un Temoin dont le temoignage eft fi ruiné d'ailleurs) ; & de l'autre, qu'elle avoit juré fur la croix du Prelat le jour que les Penitentes Stigmatifées furent à Saint Antoine, qu'elle n'avoit jamais eu ni accident d'Obfeffion, ni Vifions, ni Extafes, ni Stigmates; tandis qu'il eft prouvé par la depofition de la Batarelle 38. temoin, de l'Allemande 39., de la Dame de Boyer 97., & par la confrontation de l'Abbeffe 19. Tem., de la Dame de Lefcot 20., & de la Dame de Guerin 26. que la Guyol étoit précifement dans les mêmes états, que la Demoifelle Cadiere, & qu'elle avoit des accidens d'Obfeffion, des Stigmates, & des Vifions, & même la connoiffance des confciences ; elle a voulu parler du ferment qu'elle avoit preté fur la croix pectorale de Mr. l'Evêque, aparemment dans la crainte, qu'on ignorât, qu'elle avoit fait ce parjure. La voila donc convaincuë de n'avoir depofé que des fauffetés.

Le quatrieme temoin de la procedure, & le fecond du Promoteur, eft la Laugier. Son temoignage ne peut faire aucune foy, 1°. Parce qu'elle eft la penitente actuelle de l'Accufé comme elle en convient.

2°. Parce qu'elle étoit, & eft même encore actuellement dans les mêmes états, que la Demoifelle Cadiere, ayant les mêmes accidens d'Obfeffion pendant lefquels elle mordoit le Crucifix, & y crachoit deffus, les mêmes Stigmates, les mêmes Extafes, & Vifions, comme nous l'avons prouvé à la fin de la pag. 6. & au commencement de la 7. de nôtre Precis.

3°. Parce qu'elle étoit en commerce avec l'Accufé, comme nous l'avons montré dans le même Precis vers la fin du Chap. de l'Avortement.

4°. Parce que par le Jugement des Objets, elle a été mife *in religione* ; & enfin, parce qu'il paroit par fa depofition qu'elle n'a dit que des fauffetés évidentes, comme nous l'allons montrer en la parcourant.

1°. Elle depofe que la Demoifelle Cadiere étoit dans les mêmes états, & qu'elle avoit les mêmes Extafes & les mêmes Revelations depuis l'âge de 13. ans, & que Meffire d'Oulone, qui l'avoit dirigée avant le P. Girard, la conduifoit par des voyes extraordinaires. Nous venons de montrer la fauffeté de ce fait par les Aveus même du P. Girard.

2°. Que la Demoifelle Cadiere lui avoit dit, qu'elle étoit très-contente de la direction de l'Accufé, qu'il lui avoit infpiré les vertus d'humilité, de modeftie, de patience, & fur-tout l'obéïffance à fa Mere ; qu'elle auroit fouhaité d'avoir été dirigée par les Jefuites toute fa vie; & que le P. Girard lui avoit refufé une fois l'abfolution pour avoir defobéï à fa mere. La procedure montre fi la Demoifelle Cadiere a lieu de fe loüer d'avoir été dirigée par des Jefuites, & fur-tout par celui-là. Le refus de l'abfolution de fa part, eft auffi peu croyable, que la defobéïffance, que ce temoin impute à la Demoifelle Cadiere à l'égard de fa mere.

3°. Elle depofe que la Querelante lui avoit dit que l'accident, qu'elle avoit eu chez la Guiol étoit d'épilepfie ; qu'une autre fois elle lui avoit ajoûté que le diable la faifoit beaucoup fouffrir, & lui faifoit des reprefentations horribles ; qu'ayant couché quatre mois avec elle, la Demoifelle Cadiere lui difoit de ne pas dormir, & qu'elle verroit le Demon pendant la nuit; que cependant elle ne vit rien de pareil. Ce Temoin parle enfuite des accidens de la Demoifelle Cadiere d'une maniere à vouloir faire entendre, qu'ils ne procedoint point d'une obfeffion. Mais ce n'eft-là qu'une impofture, puifque nous avons prouvé dans nôtre Precis au chapitre de l'Enchantement par une foule de Temoins irreprochables, par les Lettres & les Aveus de l'Accufé, que la Demoifelle Cadiere avoit été veritablement obfedée.

4°. Elle dit qu'elle alloit quelque fois apeller le P. Girard de l'ordre de la Demoifelle Cadiere, que quand il venoit chez celle-cy il amenoit prefque toujours un compagnon Jesuite ; que la Cadiere se preparoit à le recevoir en faisant sa chambre , & son lit avec grande propreté, nettoyant les briques, & les arrosant avec de l'eau rose, après quoi elle se couchoit en attendant qu'il vint. La Laugier ajoûte , qu'il n'a jamais perdu de vûë le Pere Girard tant qu'il a été chez la Cadiere ; qu'elle l'a toujours vû donnant des marques d'une parfaite modestie, & pieté ; que quand elle s'écartoit tant soit peu, sans pourtant les perdre de vûë, elle s'en aprochoit de tems en tems sur divers pretextes par curiosité , & pour entendre leurs discours qui étoient pleins d'édification.

Mais ce ne sont là que des faussetés évidentes. 1°. On ne trouvera nul temoin dans la procedure, qui dise que la Laugier ait jamais été apeller le P. Girard de l'ordre de la Demoiselle Cadiere ; il n'a jamais osé avancer ni dans ses réponses ni ailleurs un pareil mensonge.

2°. Elle pretend qu'il menoit presque toujours un compagnon Jesuite, quand il venoit chez la Demoiselle Cadiere ; cependant nous avons prouvé à la page de nôtre Precis par plus de vingt temoins irreprochables qu'il n'y menoit point de compagnon , & qu'il y venoit seul.

3°. Quelle impudence de la part de la Laugier de venir dire que l'Accusé n'a jamais été dans la chambre de la Cadiere, qu'elle n'ait été presente, & qu'elle ne l'avoit jamais perdu de vûë ; pour faire entendre, qu'il ne s'étoit point enfermé avec elle ; tandis qu'il est prouvé par le propre Aveu du P. Girard sûr le 83. Inter. qu'il s'est enfermé tout seul avec la Cadiere dans sa chambre huit à neuf fois ; on peut juger par là, si la verité a quelque part à la procedure du Promoteur, & des Jesuites, & si la Cour peut ajoûter quelque foy à des Temoins qui partent de telles mains.

4°. Elle fait l'éloge de l'Accusé , & sur-tout de sa modestie ; elle ajoûte même qu'il se faisoit un scrupule de lui mettre de l'eau benite sur son front lorsqu'elle étoit au lit incommodée ; tandis qu'il convient lui-même dans ses reponses de lui avoir patiné ses cottes, son sein, & baisé le Stigmate du cœur, sans parler ici des autres libertés criminelles dont il est convaincu par les Temoins.

5°. Elle dit que quand la Cadiere faisoit accroire au P. Girard, & à ses parents, qu'elle ne mangeoit point, elles mangeoient toutes deux de patés, des poulardes, & de confiture dans sa chambre. Mais pour detruire cette imposture, il suffit de faire reflexion que le seul tems , où la Cadiere rejettoit tous les aliments, qu'elle prenoit, & que le P. Girard & ses parents croyoient qu'elle vivoit sans manger, étoit pendant le Carême ; comment veut donc ce faux Temoin avoir alors mangé des patés, & des poulardes avec elle ?

6°. Elle dit comme le P. Girard que la Cadiere lui disoit que Dieu vouloit faire en elle un sang nouveau, que cependant elle n'en avoit rien vû, & que la Cadiere lui avoit avoüé que ce sang procedoit des hemorroïdes.

1°. Le pretexte que la Cadiere avoit dit, que Dieu vouloit renouveller son sang, est detruit à la page 72. & 73. de nôtre Reponse au premier Memoire de l'Accusé.

2°. Ce faux Temoin veut attribuer à des hemorroïdes la perte de sang procedant de l'Avortement, dans le tems que le P. Girard convient à la page 5. & 40. de son premier Memoire, que trois jours après Pâques la Cadiere lui avoit montré un plein pot de sang, & qu'il est prouvé par le recolement de l'Abbesse, & de la Maitresse des Novices des Clairistes d'Ollioules, qu'en leur demandant si la Cadiere n'avoit point de perte de sang, il leur avoit ajoûté qu'elle en avoit perdu plus de 20. livres quand elle étoit à sa maison ; & que cet avortement est prouvé par plusieurs Aveus du P. Girard.

7°. Elle dit que l'Accusé ayant demandé à la Cadiere, si elle portoit des instruments de penitence sur elle , elle lui repondit qu'elle avoit fait de tout tems des grandes penitences & porté des instruments pour mortifier sa chair, & que le P. Recteur lui ayant demandé à voir ces instruments, la Cadiere s'adressa à elle Laugier, laquelle lui en fit faire : que dans le tems qu'on les faisoit, le P. Girard ayant demandé des instruments de penitence à la Demoiselle Cadiere, elle lui répondit qu'ils étoient sales & ensanglantés, & qu'après les avoir nettoyés elle les lui montreroit , & qu'il crut
bonnement

bonnement qu'elle s'en étoit servie. Mais tout cela n'eſt qu'impoſture ; Car 1°. la Cadiere lui a fait voir lors de la confrontation que toute ſa depoſition eſt fauſſe ; que les inſtruments que la Laugier avoit fait faire n'étoient pas pour la Querelante ; qu'il eſt bien vrai que celle-cy avoit fait faire une couronne & une diſcipline, mais que c'étoit pour la Superieure du Bon-Paſteur à qui elle les avoit remiſes.

2°. Il eſt prouvé par la depoſition de Jean-Baptiſte Champagne Ferblanquier 111. temoin que les inſtruments de penitence que la Laugier lui avoit fait faire étoient pour une Religieuſe, & non pas pour la Demoiſelle Cadiere, ce qui montre la fauſſeté de tout le dialogue que la Laugier prete ici au P. Girard, & à la Demoiſelle Cadiere. Il étoit bien éloigné de lui conſeiller tous ces inſtruments de penitence, puiſque la procedure prouve que le ſeul qu'il lui conſeilloit étoit la diſcipline qu'il lui donnoit par une volupté des plus rafinées. En effet, n'eſt-il pas prouvé par ſon Aveu ſur le 84. Inter. que tous les inſtruments de penitence que la Demoiſelle Cadiere avoit ſe reduiſoient à une croix de bois blanc garnie de pointes, dont il lui avoit deffendu de ſe ſervir, attendu, dit-il, ſon peu de ſanté.

8°. Elle dit que le P. Girard lui donnoit à elle & à ſes autres penitentes des prieres vocales en penitence ; cependant nous avons prouvé dans nôtre Precis au chapitre du Quietiſme par une foule de Temoins irreprochables, que le P. Girard avoit diſpenſé de la priere vocale toutes ſes penitentes Stigmatiſées, qu'elles étoient même dans une impuiſſance de prier, & que la Laugier avoit avoüé à Meſſire Gandalbert Curé que depuis long-tems elle ne faiſoit aucune priere vocale.

Enfin elle dit dans ſa depoſition que les accidents qu'elle avoit n'étoient que des vapeurs ; mais n'avons-nous pas prouvé invinciblement par nôtre Precis en l'endroit cité, que c'étoient des accidents d'Obſeſſion les plus caracteriſés, & qu'elle étoit dans les mêmes états que la Cadiere ?

Le 6. Temoin qui eſt le 3ᵐᵉ. du Promoteur, eſt la Reboul. Elle ne peut faire ici aucune foy, 1°. Parce qu'elle eſt penitente actuelle de l'Accuſé, comme elle l'a avoüé.

2°. Parce qu'elle eſt une des penitentes Stigmatiſées, & qu'elle étoit dans les mêmes états que la Cadiere, comme il eſt prouvé par les depoſitions de Meſſire Giraud, & de la Demoiſelle Joinville 2ᵈ. & 100. Tem. quoiqu'elle l'ait nié avec ſerment dans la confrontation avec la Demoiſelle Cadiere, ce qui fait voir qu'elle eſt encore convaincuë de parjure par-deſſus les autres raiſons.

3°. Parce que par le Jugement des Objets elle a été miſe *in religione*.

4°. Parce que ſa depoſition eſt ſemblable pour les faits dont elle parle à celle de la Guiol & de la Laugier, & qu'elles ſont toutes trois conçuës avec la même affectation, *unum & præmeditatum ſermonem afferunt* ; ce qui eſt une preuve certaine de ſubornation, ſuivant la Loy *Teſtium. ff. de Teſtibus*, & la remarque des Interpretes ſur cette Loy & de tous les Docteurs, comme on le peut voir dans *Farinacius* en ſon traité *de Teſtib. Queſt.* 65.

Ce temoin depoſe d'abord la Transfiguration du 8. May ; la Meſſe que la Cadiere dit ce jour-là en françois & en latin ; les Stigmates qu'elle baiſa ; ſes Extaſes, la partie de plaiſir faite à la Baſtide de la Demoiſelle Joinville : que la Cadiere lui avoit dit que Dieu la regardoit comme ſon Epouſe, & qu'elle lui avoit recommandé de n'en rien dire à perſonne ; ſi ce dernier fait eſt veritable, la Demoiſelle Cadiere auroit parlé en cela comme font toutes les Filles qui renonçant au mariage diſent que Jeſus-Chriſt eſt leur Epoux ; & la défenſe qu'elle avoit fait à la Reboul de parler des graces qu'elle recevoit prouveroit que ce n'étoit pas elle qui les publioit, mais le P. Girard & ſes autres penitentes ; voici ce que ce témoin ajoûte contre la verité, & pour faire plaiſir à ſon Directeur. Elle dit comme la Guiol & la Laugier, que les goutes de ſang, que la Demoiſelle Cadiere avoit ſur ſon viſage lors de la Transfiguration du 8. May étoient ſeches ; nous avons deja montré que c'eſt-là une fauſſeté detruite par un grand nombre de Temoins, & ſur-tout par Meſſire Giraud Curé qui vit la Cadiere dans cet état avec la Guiol & la Reboul, & qui dit que les goutes de ſang couloient, & qu'il en tomboit du front ſur les joües & le reſte du viſage, & même par les Aveus du P. Girard.

2°. Elle dit, que comme Sœur du Tiers Ordre de Sainte Catherine de Siene elle étoit obligée à des Offices, à de Chapelets & autres prieres vocales ; que la Cadiere lui difoit qu'elle ne faifoit tout le jour que reciter des *Pater nofter*, qu'il faloit fe paffer de tout cela, & fe contenter de faire l'oraifon, & qu'elle Reboul ayant confulté là-deffus le P. Girard, il lui dit qu'elle fit l'oraifon quand elle pourroit, & qu'elle continuât la recitation de fon Office, de fes chapelets, & d'autant de prieres vocales qu'elle pourroit, ce qu'elle a executé. C'eft là le même fait qu'il a mis dans la bouche de toutes fes penitentes Stigmatifées dans la vûë d'effacer s'il lui étoit poffible les preuves de Quietifme.

Mais c'eft là une infigne fauffeté, car 1°. comment veut-elle que la Cadiere lui ait dit qu'elle ne difoit tout le jour que des *Pater nofter*, & que le P. Girard lui ait confeillé de continuer la recitation de l'Office, & des prieres vocales, tandis que nous avons prouvé invinciblement par nôtre Precis au chapitre du Quietifme que la Cadiere & les autres penitentes Stigmatifées de l'Accufé bien loin de faire des prieres vocales, étoient dans une impuiffance de prier. 2°. Comment veut-elle avoir executé le pretendu confeil du P. Girard de continuer la recitation de l'Office, & de faire autant de prieres qu'elle pourroit, comme fi c'étoit ici un prix-fait, tandis qu'elle avoit avoüé à Meffire Giraud fon Curé qu'elle ne faifoit point de priere vocale depuis long-tems, ainfi qu'il eft prouvé par la depofitiou de celui-ci, & qu'elle vient d'en reïterer l'aveu au Curé de Saint Raphaël, Diocéfe de Frejus, fuivant la Lettre qu'il en a écrite à Meffire Chicuffe Beneficier en l'Eglife Metropolitaine Saint Sauveur de cette Ville.

Elle finit fa depofition en difant qu'elle fe méfioit depuis quelque tems de la Demoifelle Cadiere, à caufe qu'elle l'avoit vûë mentir en quelques occafions. Mais ce n'eft-là qu'une impofture de la part de cette penitente ftigmatifée, ainfi que la Cadiere le lui a foutenu en face lors de la confrontation. En effet, cette premiere a été bien en peine de dire en qu'elle occafion elle avoit vû mentir la Cadiere ; on voit bien que c'eft-là une fauffeté que l'Accufé lui a mife dans la bouche pour faire foupçonner de fourberie la Querellante, tandis qu'une foule de Temoins irreprochables de la procedure & toute la Ville de Toulon en publient tout d'une voix la candeur & la droiture.

Ce témoin ajoûte dans fon recolement que la Demoifelle Cadiere au retour de fa Baftide lui avoit dit que tout ce qu'elle avoit vû en elle étoit des illufions du Demon ; qu'elle fairoit bien de quitter le P. Girard ; que le Prieur des Carmes lui perfuada de s'aller confeffer à lui, & qu'après s'être confeffée, il lui dit qu'il n'y avoit rien fur fon compte, & que le Pere Cadiere lui temoigna beaucoup de joye de la voir.

Si cela eft vrai, la Cadiere, fon frere le Dominicain & le Carme ne faifoient qu'executer les ordres de Mr. l'Evêque, qui les avoit chargés de tirer de la direction du P. Girard autant de ces penitentes ftigmatifées qu'on pourroit, ainfi qu'il eft prouvé par la procedure.

2°. Cela prouveroit l'ingenuité, & la bonne foy de la Demoifelle Cadiere, puifque quand le P. Girard lui perfuadoit que les preftiges de l'Obfeffion étoient des mirácles, auffi bien qu'à fes autres penitentes, elle leur avoüoit les graces qu'elle croyoit de recevoir, & au moment qu'on lui eut ouvert les yeux, & fait reconnoitre que ce n'étoient là que des illufions du Demon, elle en fit l'aveu aux autres penitentes ftigmatifées ; ce qui montre qu'elle n'étoit pas poffedée de la fureur impie de paffer pour une fainte, comme l'Accufé a la mauvaife foy de l'avancer aujourd'hui.

3°. Si le Carme après qu'elle lui eut ouvert fa confcience lui dit qu'il n'y avoit rien fur fon compte, ce que la procedure ne permet pas de croire, cela prouveroit au moins qu'il n'étoit pas animé par un efprit d'animofité, de jaloufie ou de complot contre le P. Girard.

Anne Jauffrete 9me. Temoin eft le 4me. du Promoteur ; aparemment que cette femme a affés de droiture pour ne s'être pas livrée à toutes les impreffions de la fubornation, puifque fa depofition ne peut procurer aucun avantage à l'Accufé.

Elle depofe 1°. que la premiere fois qu'elle avoit demeuré pour Servante chez la Demoifelle Cadiere, elle étoit une Fille d'une vertu & d'une charité exemplaire.

2°. Que quand elle se confessoit au Pere Alexis Carme Dechaussé elle avoit un éloignement infini pour la misticité. 3°. Que quand elle a été dirigée par le Pere Girard elle est devenue dissipée, faisant des voyages, des parties de plaisir, des collations, dansant & sautant. Cette misticité & cette dissipation sont donc les fruits de la direction de l'Accusé.

La Demoiselle Julien femme du Sr. Artigues 12. Temoin, & le 5me. du Promoteur, depose, 1°. Que la Laugier demeuroit dans sa maison où les penitentes du P. Girard qui s'y assembloient lui faisoient plus de tapage qu'une troupe de Soldats, & qu'elles beuvoient à la santé des Jesuitons (c'étoit-là l'effet de la direction de ce pieux & chaste Directeur.) 2°. Que la Laugier avoit eu souvent des accidents où elle avoit besoin du secours de plusieurs personnes, criant & hurlant extrémément, voulant même se jetter de la fenêtre : c'étoient là des accidents d'obsession.

3°. Qu'alors ayant dit aux autres Devotes qui étoient autour de la Laugier si elles n'apelloient pas des Medecins, elles lui repondirent que ce n'étoit pas un mal de leur connoissance (le P. Girard leur faisoit accroire que c'étoit-là un mal Divin.)

4°. Que la Demoiselle Cadiere avoit fait des liberalités considerables à la Laugier : la deposition que celle-cy a faite contre elle prouve sa reconnoissance.

5°. Que la Laugier avoit donné son passe-partout à un Soldat pour l'aller éveiller grand matin : cela prouve sans doute bien sa reserve & sa vertu.

6°. Elle dit que le P. Girard s'étoit enfermé à clef dans la chambre de la Laugier : c'est-là le seul témoin produit par le Promoteur qui ne se ressente pas des impressions de la subornation.

Le 13. Temoin qui est le 6me. du Promoteur, est la Gravier : son temoignage ne sçauroit faire ici aucune preuve, 1°. Parce qu'elle est penitente actuelle de l'Accusé, comme elle en convient, 2°. Parce qu'elle est une des stigmatisées & si devoüée à son Directeur, qu'elle faisoit souvent pour lui la fonction de messagere au Couvent d'Ollioules pour y porter ses Lettres à la Demoiselle Cadiere, & qu'elle fut même les retirer, & tous les papiers que celle-cy avoit, comme il est prouvé par l'aveu qu'elle en a fait dans sa confrontation avec la Demoiselle Cadiere, quoiqu'elle eût eu la mauvaise foy de le nier : & enfin parce qu'elle a été mise *in religione*. Son langage repond parfaitement à l'idée que nous venons d'en donner.

Elle depose 1°. Que la Demoiselle Cadiere lui avoit dit qu'elle avoit depuis deux ou trois ans une perte de sang. C'est ici un nouveau pretexte qu'elle a inventé pour persuader que la perte de sang qui procedoit de l'avortement, venoit d'une autre cause ; mais en cela ce Temoin est si singulier & le fait est si faux, qu'on ne le trouvera dans la bouche d'aucun autre temoin, & qu'il est dementi par toute la procedure, & même par les reponses de l'Accusé, ce qui suffit pour le faire rejetter suivant la Loy *Ob carmen*. ff. *de Testibus*, & les Docteurs raportés par Barbosa en l'endroit cité page 228. col. 2. in medio ; l'Arrest raporté au 5me. Tom. de Boniface pag. 407. chap. 5. a même jugé qu'un pareil temoin peut être poursuivi comme faux témoin.

2°. Que la Cadiere lui avoit dit qu'elle recitoit tous les jours l'Office de la Vierge, disoit son Chapelet, le *Veni Creator*, & faisoit l'Oraison mentale. Nous avons deja detruit cette fausseté, & prouvé que la Cadiere étoit dans une impuissance de priere.

3°. Elle fait comme les autres penitentes stigmatisées l'éloge du P. Girard : nous avons dit ce qu'on en doit penser.

4°. Elle parle des stigmates & des transfigurations de la Cadiere d'une maniere à vouloir y répandre quelque soupçon ; tandis que la realité en est prouvée par tant de Témoins irreprochables, & par les Aveus même du P. Girard, comme nous l'avons montré au premier chapitre de nôtre Précis.

5°. Qu'ayant demandé à la Cadiere si le P. Girard avoit vû ses playes, elle lui avoit répondu que non, & que la Guiol, & la Batarelle l'avoient assurée qu'il les avoit vûës avec toute la modestie chrétienne. Mais ce sont-là deux supositions dé-

truites par les Aveus de l'Accusé, où il convient d'a voir vû plusieurs fois les stigmates, & même d'avoir baisé celui du cœur ; action que nulle précaution, nul pretexte ne peut sauver.

6°. Que la Demois. Cadiere lui avoit lû des Lettres du P. Girard qui étoient
pleines d'onction & de sentimens de la plus solide vertu. Cette fausseté insigne est
détruite par le témoignage de la Dame de Lescot 20. Tem. dans son Recolement, qui
dit d'avoir lû une de ces Lettres où il marquoit à sa pénitente en termes badins
que si elle n'étoit pas sage il lui donneroit le foüet ; & par celui de la Dame de
Reimbaud 22. Tem. qui ajoûte que les Lettres que le P. Girard écrivoit à la Demois.
Cadiere la faisoient rougir de honte. La fameuse Lettre du 22. Juillet en est encore
une belle preuve.

7°. Que le P. Girard lui a toûjours ordonné des prieres vocales & en si grand
nombre qu'elle pourroit, & qu'il lui disoit quand elle manquoit à quelques unes,
que puisqu'elle avoit le tems de vacquer à ses affaires, elle en devoit trouver pour
les prieres, & qu'il les lui recommande encore tous les jours. Mais cette fausseté
n'est-elle pas detruite par une foule de témoins, qui prouvent que le P. Girard avoit
dispensé de la priere vocale toutes ses pénitentes stigmatisées, comme nous l'avons
fait voir dans notre Précis au chapitre du Quietisme pag. 8. & 9.

Elle fait ensuite une histoire à l'égard du Carme, tant dans sa deposition que
dans son recolement ; il est aparent que la verité n'y a pas plus de part que dans
tout ce que nous venons de refuter.

Quoique la Sœur Mariane Beaussier cadette ait été produite par la Demoiselle
Cadiere, neanmoins nous croyons devoir la mettre ici au rang des témoins que
l'Accusé a produits sous le nom du Promoteur, puisqu'il est convaincu de l'avoir
subornée par la Lettre qu'il lui avoit fait écrire par la Dame de Cogolin le 28.
Janvier dernier, dont on va raporter ici la teneur.

> *Ma chere Dame,*
>
> *J'ay reçû vos trois Lettres dans un même paquet par un P. Observantin dont j'ai été
> très-satisfaite. Pour ce qui regarde les mauvaises mœurs de la Tourriere, l'on n'en-
> treprendra point de prouver en quoi, ce seroit entreprendre un nouveau procez ; on se
> contentera de donner copie à Madame Camelin la cadette, à Mr. Portalis, & à Made-
> moiselle Vialis, & quelques autres de votre maison, qui n'ayent point encore déposé ;
> car pour celles qui l'ont deja fait, on ne peut pas leur donner copie pour une seconde
> fois ; ainsi ne craignez rien pour vous, on ne vous commettra en rien ni pour rien
> qui pût vous faire ou procurer la moindre peine. Le procez va le mieux du monde pour
> le P. Recteur, on a fini d'entendre les Temoins de la Cadiere, mais l'Officialité n'a
> pas fini de faire oüir les siens ; la deposition qu'a fait votre Tourriere est la même que
> celle dont elle s'est ventée ; tout a consisté à dire que le Recteur avoit baisé la Ca-
> diere de la fenêtre de votre grille du Chœur, & une autre fois dans son lit, & au-
> tres choses de cette nature ; il suffit que les personnes qni deposeront, assurent d'avoir
> oüi dire à la Tourriere comme Cadiere étoit une sainte, qu'elle faisoit même des mi-
> racles, de ses liaisons avec la famille de Cadiere, la pension que ses gens lui avoient
> promise pour son entretien, c'est là le principal. Je vous envoyeray dans peu deux paires
> de mitaines, pour payement des 30. sols des agnus que j'ai encore à vous, mais pour
> troquer avec d'autres ouvrages avec vous, ou avec vos Dames, j'en ay parlé à nos
> Sœurs, elles ne m'ont pas paru s'en soucier, ainsi attendez pour m'envoyer quelque
> chose, qu'on le souhaite, alors je vous en informerai. Le Pere Recteur vous offre
> ses respects. Je suis de tout mon cœur, Madame, vôtre très-humble servante.
> Sœur de Cogolin.*

Deux raisons doivent absolument faire rejetter le temoignage de la Dame de
Beaussier la cadette. La premiere est tirée de ce qu'elle est convaincuë d'avoir en
execution de cette Lettre, qui n'est tombée entre nos mains qu'après avoir été entierement executée, suborné plusieurs temoins, puisque nous montrerons dans un
moment que ceux denomés ou designés dans cette Lettre ont deposé préci-
sement les faits qui y sont contenus, ce qui est une preuve sans replique que tout
le plan de la subornation tracée par cette Lettre a été litteralement executé ; & c'est

pour

pour cela que par l'Arrêt du 24. Août elle a été mise *in religione*, quoiqu'elle eût dû être absolument rejettée.

La seconde raison se tire de ce qu'il est prouvé par sa deposition, & encore plus par son recolement, qu'elle a été subornée; & comment auroit-elle pû être un instrument de subornation, & en faire passer les impressions aux autres, si elle ne les avoit pas ressenties elle-même ? & la deposition d'Ainaude 110. Temoin ne prouve-t'elle pas la subornation de cette Religieuse ?

Elle depose 1°. Qu'elle avoit été plusieurs fois le témoin des Extases & des Transfigurations de la Cadiere, mais qu'elle regardoit cela comme des momeries, & ces accidents & ces convulsions comme une chose affectée. Mais ce sont là deux faussetés de la part de ce témoin, 1°. Parce que la réalité des Extases & des Transfigurations de la Demoiselle Cadiere est prouvée par une foule de Temoins irreprochables, & même par les aveus de l'Accusé, comme nous l'avons montré par nôtre Precis au chap. de l'Enchantement.

3°. Comment pouvoit la Dame de Beaussier la cadette regarder les Extases & les transfigurations de la Cadiere comme des momeries, elle qui le 7. Juillet pleine d'admiration avec toute la Communauté, dit au P. Girard à son arrivée, que la Querelante avoit Communié au lit miraculeusement; à quoi le P. Girard répondit, *Ne voulez-vous pas que je le sçache, puisque je l'ay Communiée moi-même ?* & qu'elle lui ayant réparti, *Comment cela se peut-il, puisque vous éties à Toulon ?* il lui repliqua, *Ne sçavez-vous pas qu'il y a des transports ?* & qu'elle fut si frapée de cette réponse, qu'elle en fut malade deux jours. Tout cela est prouvé par le Recolement de la Dame de Lescot 20. Tem., & de la Dame de Reimbaud 22., & par la deposition de la Dame de Guerin 26. Elle enfin qui avoit oüi dire au P. Girard de conserver l'eau, dont on avoit lavé la Cadiere, parce qu'elle fairoit ensuite des miracles, puisqu'elle ajoûte dans son Recolement, que les Religieuses avoient conservé cette eau, & qu'elles en avoient envoyé quelques goutes à une malade à Toulon pour les prendre dans du boüillon.

3°. Comment veut-elle faire passer ici les accidents d'Obsession, que la Demoiselle Cadiere avoit eu au Couvent, comme une chose affectée de sa part, & une comedie; tandis que ces accidents d'obsession sont prouvés non seulement par une foule de Religieuses, qui en detaillent les circonstances les plus étonantes, mais encore par les Lettres, & les Aveus du P. Girard ?

En second lieu, elle depose que la Demoiselle Cadiere lui avoit dit, qu'elle avoit des Visions, des Dons, & des graces depuis l'âge de 9. ans. Nous avons montré que c'est là une fausseté detruite par les Aveus même de l'Accusé.

3°. Que la Querelante lui avoit dit, que le P. Girard lui avoit été predit, & que la premiere fois qu'elle le vit, une voix lui dit à l'oreille *Ecce Homo.*

La qualité de la direction de l'Accusé montre assés la fausseté de la prediction; le P. Girard sur le 7me. Inter. convient qu'elle ne lui dit pas la premiere fois qu'elle se confessa à lui qu'une voix interieure lui avoit dit *Ecce Homo*, & que ce ne fut que quelque tems aprés. La nature de ce procès prouve que ce ne pouvoit être là qu'une prévention mal fondée en faveur de l'Accusé, ce qui est d'ailleurs une chose assés indifferente ici.

Dans son recolement elle ajoûte 1°. Que la Tourriere le jour de sa deposition lui avoit dit qu'elle avoit fait un trou à la porte du parloir, par lequel elle avoit vû le P. Girard, lorsqu'il baisoit la Cadiere, & qu'ayant fait examiner la porte par l'Abbé Portalis, & par un jeune Observantin, ils lui dirent, qu'ils n'y avoient trouvé aucun trou, & que trois ou quatre jours après on y en avoit trouvé trois, qui aparemment avoient été faits dans l'entre-deux.

La fausseté de ce fait est toute évidente, 1°. Parce qu'il est certain qu'il y avoit un trou, & un loquet à la porte du Parloir lorsque la Demoiselle Cadiere demeuroit dans ce Couvent, comme il seroit facile de le prouver par cent Temoins irreprochables.

2°. Ce qui ne permet pas de douter que ce n'est ici qu'une fausseté, c'est qu'elle n'est deposée, que par la Dame de Beaussier, & les autres témoins dénomez, ou defignez dans la Lettre à elle écrite, & qu'on verra même dans un moment qu'a ¿ lieu de ce jeune Obfervantin, dont on parle ici, on trouvera le P. Aubani, qui eft un homme âgé d'environ 50. ans.

3°. Ce qui fait voir qu'on a fait dire ici cette fauffeté fort inutilement à 5. ou 6. témoins fubornez, c'eft que la Tourriere ne dit pas dans fa depofition de l'avoir vû par le trou de la porte, mais de l'avoir vû après avoir ouvert la porte, & être entrée dedans.

En fecond lieu, elle dit d'avoir oüi dire à la Tourriere, qu'elle fe repentoit de n'avoir pas accepté une penfion, qu'on vouloit lui donner au fujet de l'affaire de la Cadiere. Mais c'eft-là une impofture Jefuitique. 1°. Cette Tourriere n'eft-elle pas entretenuë par le Couvent, & n'eft-il pas ridicule, qu'on lui eût offert une penfion pour lui perfuader de depofer ? Ce fait eft celui que l'Accufé vouloit principalement faire depofer par la Lettre de la Dame de Cogolin ; & il ne l'a été que par la Dame de Beauffier cadete, & par les perfonnes dénomées, ou defignées dans cette Lettre ; ce qui eft une preuve fans replique que ce n'eft-là que l'effet de cette inique fubornation.

3°. Si la Tourriere le jour de fa depofition avoit dit à la Sœur de Beauffier la cadete le fait du trou de la porte, & celui de la penfion, d'où vient qu'elle n'en a pas parlé dans fa depofition, qui eft pofterieure à celle de la Tourriere, & qu'elle n'en a parlé que dans fon Recolement, qui eft pofterieur à la lettre de la Dame de Cogolin ? Nous fairons voir dans la fuite, qu'il nous fuffiroit que ces deux faits ne fuffent compris ni dans notre plainte, ni dans celle du Promoteur pour que la Cour n'y pût avoir aucun égard.

En troifiéme lieu, elle dit que les freres Cadiere avoient été folliciter la Tourriere, & des Religieufes à depofer en leur faveur ; fans fçavoir dire, quelles font ces Religieufes. Mais cette impofture n'a-t'elle pas été condamnée par l'Arreft, qui a jugé les reproches ?

En quatriéme lieu, elle dit que le jour de la transfiguration du 7. Juillet après qu'on eut lavé le vifage à la Cadiere, plufieurs Religieufes lui baiferent les yeux, & qu'ayant été de ce nombre, elle s'aperçut que ce qu'elle avoit fur fon vifage fentoit mauvais ; & elle ajoûte qu'on en conferva l'eau. Tout cela n'eft que pour faire foupçonner que la Cadiere s'étoit barboüillée le vifage avec quelque chofe qui fentoit mauvais.

Mais outre que nous avons montré la fauffeté de ce pretexte, & la realité de cette transfiguration, lors de laquelle le fang couloit de la couronne, du vifage, & des ftigmates : D'ailleurs, fi elle avoit regardé tout cela comme une momerie, & comme un barboüillement, auroit-elle baifé le vifage de la Cadiere ? Auroit-on confervé de l'avis du P. Girard cette eau comme devant faire des prodiges ? Auroit-on confervé comme une relique un morceau de poulet qu'elle mangeoit, lorf-qu'une Extafe l'avoit prife, ainfi que ce témoin l'ajoûte.

Enfin elle dit, que ce jour 7. Juillet, que le P. Girard s'enferma avec fa Pénitente, elle témoin y entra deux ou trois fois, & que la porte n'étoit pas fermée en dedans. Mais n'eft-il pas prouvé par cinq témoins, qui font l'Abbeffe, la Maitreffe des Novices, la Dame de Guerin, la Demoifelle Hermitte Penfionnaire, & Marie Materonne, qu'il refta enfermé dans la chambre de fa pénitente depuis 9. heures jufqu'à midi, & que la porte étoit fermée en dedans ; & que ce ne fut que l'après-diné que la porte n'étoit que pouffée, qu'il y entra plufieurs Religieufes ?

Quoique la Dame Marie Elizabeth Aubany 23. Tem. ait été affignée à la Requête de la Cadiere, il eft pourtant certain, & évident qu'elle a été fubornée par le P. Aubani fon frere, & pour en être convaincu, il fuffit de faire attention 1°. Que par les depofitions que nous avons raportées dans la feptiéme des reflexions generales, il eft prouvé qu'il avoit employé avec le P. Boutier fon Oncle auprès des Religieufes au nom du Prélat, les menaces, & les follications les plus violentes ; qu'il avoit follicité quatre ou cinq Religieufes pendant plus d'un mois ; qu'il les avoit fubornées, & que fa fœur lui ayant demandé, s'il n'y avoit rien de nouveau, il lui répondit en parlant aparamment des Jesuites, ou, de leurs protecteurs, *ils sont plus que charmez de votre proposition, ou deposition.*

2°. Que la subornation, & la fausseté éclatent dans sa deposition, & dans son Recolement. Car 1°. après avoir dit qu'ayant demandé au P. Girard de procurer à son Couvent des bons sujets, il lui repondit qu'il souhaiteroit que ce fussent toutes des Demoiselles Cadiere ; ce qui fait voir qu'il la donnoit pour un exemple de vertu, & même de sainteté pour cacher son jeu auprès d'elle. Elle ajoûte que celle-cy lui avoit avoüé, qu'elle avoit ces infirmités & ces accidents depuis son bas âge ; pour faire accroire que ce n'étoint pas là des accidents d'Obsession, tandis que le P. Girard par ses réponses convient de la réalité de l'Obsession, & en fixe l'époque 18. mois après le commencement de sa direction.

2°. Qu'ayant sa chambre proche le parloir elle y étoit entrée très-souvent, sans qu'elle eût rien vû que d'édifiant de la part du P. Girard ; pour faire entendre qu'il n'étoit pas vrai qu'il y eût pris des libertés criminelles sur la Cadiere, & donné la discipline. Mais c'est là tout visiblement le langage d'un faux Temoin, qui n'a eu en vûë que de justifier un Coupable aux depens de la verité ; soit parce qu'il n'est pas vrai, qu'elle fût entrée très-souvent dans le Parloir lorsque le P. Girard y étoit avec sa penitente, lui qui à Toulon pour n'être pas interrompu, se fermoit les 3. ou 4. heures avec elle dans sa chambre, & qui n'auroit pas trouvé les visites si frequentes de cette Religieuse, ni commodes, ni gratieuses ; soit parce que quand il faudroit suposer contre l'évidence, qu'elle fût entrée souvent lorsque l'Accusé étoit au Parloir avec la Demoiselle Cadiere, il ne s'ensuivroit pas de là, qu'il n'eût pû prendre les libertés dont il est accusé, puisque cette Religieuse ne dit pas d'avoir été toûjours presente au parloir, toutes les fois, & pendant tout le tems qu'il a parlé avec sa penitente : de sorte que cette deposition ne pourroit jamais donner atteinte à celle des temoins occulaires, qui disent d'avoir vû qu'il prenoit des libertés criminelles sur la Cadiere, parce qu'il auroit pû les prendre dans les intervales que cette Religieuse n'y auroit pas été.

3°. Elle dit qu'un jour que la Cadiere étoit en Extase au parloir, le P. Girard ayant les mains jointes lui dit, Madame elle est prise. Si ce fait est veritable, il prouve qu'il donnoit les Extases, & les faits extraordinaires de la Cadiere comme des prodiges de la grace, dans le tems qu'il sçavoit que tout cela n'étoit que l'effet de l'Obsession, ou du Quietisme, où il l'avoit jettée.

Ce temoin dans son Recolement ajoûte, 1°. Que la Cadiere lui avoit dit que depuis trois mois qu'elle étoit dans le Couvent, elle n'avoit point eu ses regles. La Cadiere dans ses reponses devant l'Official, & dans son Exposition avoit dit pour prouver sa grossesse, & son avortement qu'elle avoit eu une cessation de ses regles pendant trois mois ; que le P. Girard lui ayant donné un breuvage pendant plusieurs jours, elle avoit fait une espece de masse de chair, ou de sang avec une grande perte. Pour tacher d'éluder cela, l'Accusé fait dire ici faussement à cette Religieuse, que la Cadiere avoit eu une cessation de ses regles pendant les trois mois qu'elle avoit demeuré au Couvent, pour faire entendre qu'elle étoit sujette à cette sorte de retention. Mais cette fausseté est detruite non seulement par les Lettres produites au procez, qui prouvent que pendant les trois mois & demi que la Demoiselle Cadiere a resté au Couvent, elle y a eu regulierement ses regles. Le langage qu'il fait tenir ici à cette Religieuse, est bien contraire à celui qu'il a tenu lui-même à la pag. 41. de son premier Memoire, où il dit que la Cadiere avoit eu ses regles tous les mois : tant il est vrai que l'imposture se dement toûjours.

2°. Que le 7. Juillet jour de la Transfiguration, que le P. Girard étoit dans la chambre de la Cadiere, elle ne le quitta que pour le service de la Communauté ; qu'en entrant dans la chambre elle ne trouva jamais la porte fermée, & qu'elle y entra à toutes les heures en qualité de Vicaire.

Peut-on imaginer rien de plus faux, ni de plus ridicule. Quoi ? en qualité de Vicaire, elle entroit à toutes les heures dans la chambre de la Cadiere ? Où lui avoit-on donné un Vicariat special pour ce Jesuite ? Mais livrons-là à tout le zele de fa fonction de Vicaire ; donnons-lui même des foupçons pour veiller fur ce Jefuite ; qu'elle vouloit pourtant regarder comme un faint ; ne le lui laiffons quitter que pour l'exercice de fa Communauté , en auroit-il falu d'avantage pour remplir les chaftes defirs de ce charitable Directeur ? Enfin, comment peut cette Religieufe foutenir que la porte ne fut jamais fermée , & qu'elle y entra à toutes les heures ; tandis que 4. à 5. Temoins irreprochables à la tête defquels font l'Abbeffe, & la Maitreffe des Novices, depofent que depuis 9. heures jufqu'à midy , il refta fermé dans la chambre de la Cadiere , & que ce ne fut que l'aprés-diné que la porte n'étoit que pouffée , & que plufieurs Religieufes y furent fucceffivement.

Enfin elle ne manque pas d'ajoûter que la Tourriere avoit dit qu'elle fe repentoit de n'avoir pas accepté la penfion, qui lui avoit été offerte , en conformité de la Lettre de la Dame de Cogolin ; ce qui eft une derniere preuve, que ce temoin étoit du nombre de ceux de ce complot , qui avoient executé le projet de fubornation contenu dans cette Lettre. Ce qui ne permet plus d'en douter, c'eft que lors de fa confrontation avec le P. Girard l'ayant interpellée de declarer s'il n'eft pas vrai qu'il ne lui demandoit pas d'être feule au parloir avec la Cadiere, qu'un petit coin du parloir lui fuffifoit , & que le reftant étoit libre pour les perfonnes qui y vouloient venir, elle repond avec empreffement que l'interpellation eft veritable , & que c'étoit à elle , qu'il s'étoit adreffé en qualité de Vicaire. Cependant il eft prouvé par la depofition de l'Abbeffe 19ᵐᵉ. témoin , que c'étoit à elle qu'il s'étoit adreffé , & qu'il lui avoit demandé la permiffion d'être feul au parloir avec la Cadiere , & d'entrer dans fa chambre, lorfqu'elle feroit incommodée, & qu'elle la lui avoit accordée ; peut-on méconnoitre à ces traits l'impofture , & la fubornation ?

La Berluc 41. Temoin & le 7ᵐᵉ. du Promoteur, ne peut faire ici aucune foy , foit parce qu'elle eft une des penitentes ftigmatifées du P. Girard , foit parce qu'elle a été mife *in religione* , foit parce que fa depofition porte le caractere de la fauffeté.

Elle depofe 1°. qu'ayant été voir au Couvent d'Ollioules la Cadiere, qu'elle fait femblant de ne point connoitre , & la Gravier qui l'avoit menée, ayant prié celle-cy de de lui montrer fes playes, elle le refufa d'abord , & que s'étant retirée pendant un quart d'heure elle revint, & leur montra fa playe du côté , qui paroiffoit comme peinte, & que l'ayant touchée, elle n'y vit aucune empreinte de fang, pour perfuader que ce n'étoit là qu'une peinture. Cependant la realité de cette playe eft prouvée non feulement par une foule de Temoins irreprochables raportés dans nôtre Precis au chapitre de l'Enchantement , mais encore par le propre Aveu de l'Accufé fur le 77. Interr. où il fait la defcription de cette playe , & dit qu'elle étoit ordinairement fanglante. Le temoignage du P. Girard eft fans doute preferable à celui de la Berluc : Il avoit vû cette playe plus fouvent, de plus près , & avec plus d'attention , puifqu'elle avoit fait plus que d'une fois le fujet de fa contemplation à porte fermée , & que fa main & fa bouche en avoient été les temoins.

2°. Que la Cadiere lui avoit fait fouvent des éloges de la probité , de la droiture , & de la fainteté du P. Girard. La Procedure & les propres Aveus de ce dernier en renferment la preuve. Elle fait enfuite une hiftoire, qui ne regarde que le Prieur des Carmes ; & dans fon Recolement, elle ajoûte celle de la convocation de l'affemblée des Devotes Stigmatifées à Saint Antoine. La verité y regne à peu près autant que dans ce que nous venons de refuter.

Marguerite Truc 44. Temoin & le huitieme du Promoteur depofe, qu'il y avoit environ un an, que la Demoifelle Cadiere fut lui demander de l'onguent, & qu'elle lui en vendit : que quelque tems après elle en avoit encore pris ; qu'alors lui ayant dit qu'il étoit à propos qu'elle vit la playe, la Cadiere lui montra celle qu'elle avoit au côté gauche, qu'elle lui penfa ; que quelques jours après la Cadiere lui dit qu'elle avoit mal aux deux pieds, & qu'elle lui penfa auffi les playes qu'elle y avoit ; que ces playes fluoient du pus jufqu'à la guerifon, & qu'elles procedoient de la qualité du fang.

Dans cette depofition il y a du vray & du faux. Ce qu'il y a de veritable c'eft qu'au moment que la Cadiere eut ces Stigmates, les regardant comme des playes
naturelles ;

naturelles, elle envoya prendre cette femme pour y mettre de l'ongueht, & la chargea de dire au P. Girard qu'elle les lui pensoit, comme celle-cy a été obligée d'en convenir lors de la confrontation , ce qui prouve la bonne foy de la Querelante ; mais l'Accusé lui ayant persuadé que c'étoient là 'des playes divines , & des vrayes Stigmates , il lui fit ôter les emplatres , lui deffendit d'y en plus mettre, l'en reprit très-feverement, & lui reprocha son peu de courage & son peu de foy, comme il en convient sur le 74. interrogatoire ; ce qui fait voir que tout le surplus de la deposition de cette femme est faux, & detruit par les propres aveus de l'Accusé, qui prouvent que les playes de la Demoiselle Cadiere étoient nettes , qu'il n'y avoit jamais du pus , mais seulement du sang, & un sang vif. Si ces playes avoient été telles que les depeint si faussement ce témoin, le P. Girard les auroit-il baisées avec tant de sensualité , comme il est encore prouvé par plusieurs temoins , & par ses propres reponses.

Le Sieur Chevalier de Reimondis 45. Temoin de la procedure, & le 9.me. du Promoteur, depose 1°· D'avoir oüi dire au P. Cadiere , que la premiere fois que sa Sœur avoit vû le P. Girard une voix interieure lui avoit dit *Ecce Homo.* Nous avons deja montré l'illusion de ce fait.

2°. Que le P. Cadiere lui avoit dit que sa Sœur avoit vû le diable deux fois. Le Dominicain dans sa confrontation avec ce Temoin a convenu de lui avoir dit que sa Sœur avoit été batuë par le Diable , & qu'elle lui avoit montré une chemise teinte de sang, où des griffes étoient marquées. Cela est prouvé par un grand nombre de Religieuses Clairistes d'Ollioules : & qu'à l'égard des autres faits il les avoit apris du public, & non pas de sa Sœur. Quoiqu'il en soit, l'Obsession de cette Fille est assés bien prouvée pour ne pouvoir pas étre revoquée en doute.

·3°. Que le P. Jacobin lui avoit raconté la vision de sa Sœur d'un Vaisseau sur la Mer noire, & de la Police de ce Vaisseau. Cette Vision est avoüée par l'Accusé sur le 37. Interrogat.

4°. Qu'ayant demandé à la Demoiselle Cadiere mere, s'il étoit vray que sa Fille eût été 40. jours sans manger, comme on le disoit, elle lui repondit , qu'elle avoit mangé quelque fois un peu de pain. Sur quoi son fils l'Ecclesiastique l'interrompit, & dit que sa sœur avoit bien quelque fois maché un peu de pain, mais qu'elle l'avoit jetté. Il est prouvé par la procedure , & sur-tout par la deposition de la Servante, qui est un temoin necessaire, que la Querelante pendant le Careme ne mangeoit que quelque fois , & que dabord elle rejettoit avec effort & crachement de sang , ce qu'elle avoit pris, & que le P. Girard disoit qu'il ne faloit pas qu'elle mangeât.

5°. Qu'ayant demandé encore à la Demoiselle Cadiere mere si sa Fille avoit été élevée en l'air , elle lui avoit dit qu'oüi. La verité de ce fait est prouvée par la deposition de Messire Giraud, & de la Dame Boyer 2.d & 97. Temoin.

6°. Que Mr. l'Evêque ayant demandé au P. Girard quels étoient les prodiges dont on parloit au sujet de la Cadiere , ce Jesuite repondit il n'y en a pas tant comme l'on dit, j'attends, & je ne repond encore de rien. Mais c'est là une fausseté évidente ; car comment veut-on que le P. Girard pût tenir un pareil langage, & douter, lui qui publioit, & qui faisoit publier par ses autres penitentes, que la Cadiere étoit une sainte ; lui qui la faisoit communier tous les jours ; lui qui avoit dit aux Religieuses le jour de la transfiguration du 7. Juillet de conserver l'eau dont on lui avoit lavé le visage, parce qu'elle fairoit des merveilles, & que la Cadiere avoit deja fait des miracles à Toulon ; lui enfin, qui refusoit l'absolution à ses penitentes, qui ne croyoient pas aux miracles de la Cadiere, comme nous l'avons prouvé à la pag. 9. & suivantes de nôtre Reponse au premier Memoire de l'Accusé.

Ce Temoin ajoûte dans son recolement qu'ayant rencontré la Demoiselle Cadiere mere, & lui ayant demandé si sa Fille sortoit du Couvent , elle lui repondit que le Pere Recteur demandoit toujours des miracles. Cela prouve qu'il abusoit de son ministere pour forcer la Demoiselle Cadiere à se faire Religieuse malgré elle,

& pour l'empêcher de fortir du Couvent quoiqu'elle, & fes pa rents le vouluffeç & le fouhaitaffent. Une conduite fi injufte de la part d'un Direct eur ne pouvoi pas avoir d'autres motifs, que la crainte de voir fortir cette chere penitente de fa direction.

Meffire Jean Camerle 47. Temoin & le 10me. du Promoteur, eft l'Aumonier de Mr. l'Evêque de Toulon. Il depofe 1°. qu'il avoit confulté la Demoifelle Cadiere fur l'état de fa confcience, & qu'il la regardoit comme une fainte.

2°. Qu'elle lui avoit dit que le P. Girard étoit un veritable faint. Rien ne le prouve mieux que les miracles qu'il a faits, & dont la procedure, fes Lettres & fes Aveus renferment la preuve.

3°. Qu'elle lui avoit dit qu'elle avoit formé la refolution d'aller fervir dans les Hopitaux de Rome, & l'avoit prié de l'accompagner. Quoique ce fait ne porte fur rien ; nous en avons pourtant montré le ridicule, & même la fauffeté à la pag. 5. & 6. de nôtre fecond Memoire.

4°. Que la Cadiere avoit dit que Dieu pour marquer qu'il aprouvoit fa fortie du Couvent fairoit un miracle, que tout fon corps feroit couvert de playes, & qu'elles difparoitroient dabord qu'elle en feroit fortie, & que le P. Girard s'y opofoit, parce qu'elle lui avoit dit que c'étoit par revelation qu'elle y étoit entrée. Cependant il eft prouvé par les Lettres de ce Directeur des 7. 9. & 22. Juin & 26. Juillet qu'il l'avoit mife dans ce Couvent malgré elle, & qu'il ne vouloit point abfolument l'en laiffer fortir.

5°. Que le P. Cadiere lui avoit dit que la premiere fois qu'elle avoit vû le P. Girard, elle vit un écrit portant ces paroles *Ecce Homo*. Les autres temoins croyoient d'avoir affés fait en fupofant contre l'aveu même du P. Girard, que la premiere fois que la Demoifelle Cadiere l'avoit vû, elle avoit entendu une voix interieure, qui lui avoit dit *Ecce Homo*, l'Abbé Camerle va plus loin, & veut que ces paroles fuffent écrites ; mais qui en avoit été l'écrivain, ou l'Imprimeur.

6°. Il dit que Mr. l'Evêque ayant demandé au P. Girard fi lors qu'il difoit la Meffe, il lui manquoit une partie de l'Hoftie, qu'un Ange portât à la Cadiere pour la communier, il le nia avec indignation. Cependant le fait n'en eft pas moins prouvé par les Dames de Lefcot, & de Reimbaud 20. & 22. Temoins dans leur confrontation avec la Cadiere, & par la depofition de la Dame de Guerin 26. Temoin.

7°. Que les freres Cadiere avoient dit que leur Sœur avoit paffé le Carême fans manger, qu'on l'avoit vûë élevée en l'air, qu'elle avoit vû le Demon. Tous ces faits ont deja été difcutés. Il parle enfuite des Extafes frequentes qu'elle avoit, & de plufieurs de fes Vifions mentionées dans le Carême, ce qui n'eft pas ici matiere d'examen.

François Caudeiron Chirurgien 48. Temoin & le 11me. du Promoteur, parle du premier des trois accidents que la Demoifelle Cadiere eut dans la nuit du 16. au 17. Novembre, & ajoûte qu'il croit que c'étoit là une maladie ifterique.

1°. Il convient dans fa depofition qu'il ne lui apartient pas de connoitre de ces fortes de maladies ; & qu'il n'y a que les Medecins qui en puiffent juger avec quelque forte de certitude. 2°. S'il avoit vû les deux autres accidents accompagnés des circonftances fi étonantes, dont les deux Curés font le détail dans leurs depofitions, il auroit compris que cela ne pouvoit pas être une maladie ifterique. 3°. N'avons-nous pas prouvé par un très-grand nombre de Témoins, par les Lettres & les Aveus même de l'Accufé, que la Demoifelle Cadiere étoit veritablement Obfedée, & que c'étoient là des accidents d'Obfeffion ?

Mariane Arnaude 49. Temoin & 12. du Promoteur, intime amie de la Laugier penitente ftigmatifée, & favorite de l'Accufé, & qui avoit été chaffée de la Chapelle du Tiers Ordre par fon mauvais caractere, comme elle en a convenu lors de fa confrontation avec la Demoifelle Cadiere, depofe 1°. Que lors d'un accident de l'Allemande mere, & qu'on difoit les Litanies pour fon foulagement en prefence de plufieurs perfonnes, la Demoifelle Cadiere, qui étoit avec la Batarelle rioit, qu'elle leur dit, riés bien vous avés fait une belle affaire ; aparemment pour perfuader que les accidents de l'Allemande étoient une fcene. Mais c'eft là une impofture de la part de ce temoin, puifqu'il eft prouvé par la depofition d'Anne

Cadiere 18. Temoin, par celle de Marguerite Brune 58., par le recolement de Magdelaine Alemande, & par la deposition même d'Allemande mere, qu'elle avoit été veritablement obsedée. On peut bien juger que ce temoin n'est pas plus veridique dans ce qu'il dit contre le Prieur des Carmes pour repandre sur lui un soupçon ridicule de complot.

Mariane Rebuffat 50. Temoin & le 13ᵉ. du Promoteur dit, qu'ayant parlé avec la nommée Bonnaude des accidents de la Cadiere, & de l'Allemande, cette premiere lui dit, que ces accidents ne cesseroient pas jusques à ce qu'elles eussent quitté ce Pere, & que quelques jours après Bonnaude lui recommanda de ne point parler de ce qu'elle lui avoit dit, & qu'elle lui repliqua, que si elle étoit assignée en Justice, elle diroit la verité. Ce Temoin ajoûte qu'elle se confessoit à ce Pere depuis plus d'un an, & qu'il n'avoit rien reconnu en lui, que de saint, & d'édifiant.

Ce dernier fait ne conclud rien contre les preuves éclantes des crimes du Pere Girard, & le premier prouve que Bonnaude regardoit le P. Girard comme l'auteur des accidents de la Cadiere, & de l'Allemande.

Honoré François Blain 51. temoin & le 14. du Promoteur dit, que dans la nuit du 16. au 17. Novembre il accourut chez la Cadiere par un esprit de curiosité; & que dans le tems que les Curés y furent arrivés, & que Messire Giraud eut fait retourner un homme, qui vouloit entrer, quelqu'un dit de la fenêtre, montés, venés servir de temoin. Blain ajoûte qu'il se retira pour n'avoir pas un semblable refus, & entendit qu'on disoit dans la rûë ne sachant pas qui, qu'un Pere Carme pendant le jour avoit apellé des temoins dans la maison. Ce faux temoin veut aparemment persuader que c'étoit là une scene preparée par un complot, & que la Demoiselle Cadiere n'avoit point été obsedée, mais toute sa deposition n'est qu'un tissu d'impostures.

Car 1°. qu'elle contradiction, de dire d'une part qu'on apelloit des temoins, & de l'autre qu'on refusoit la porte, & qu'il se retira pour n'avoir pas un semblable refus.

2°. Avoit-on besoin d'apeller des Temoins puisqu'il est prouvé par la procedure que toute la maison des Cadiere en étoit pleine.

3°. Comment veut-il que pendant le jour le Carme eût apellé des gens pour être temoins de ces accidents, qu'il est prouvé par tous les Temoins, que ces accidents ne sont arrivés que dans la nuit.

4°. N'avons-nous pas prouvé la realité de ces accidents? Et avant que le Carme la vît, n'avoit-elle pas eu au Couvent beaucoup d'accidents d'Obsession, prouvés par un grand nombre de Religieuses, & par les Lettres qui partent de la main de l'Accusé, & que nulle prevention ne pourra regarder comme des scenes pour le diffamer?

Marguerite Brune 58. temoin & le 15. du Promoteur, fait le detail d'un accident d'obsession de l'Allemande, & dit qu'alors l'Abbé Cadiere faisoit des prieres, & que son frere l'aîné dit à la Batarele, vôtre tour viendra bien-tôt d'être agitée par le Diable, & qu'elle lui repondit: Dieu m'en preserve, je ne l'ay jamais été. Cependant il est prouvé par la procedure, que celle-cy avoit été Obsedée, & qu'elle a été Exorcisée par le Prieur des Carmes de l'ordre de Mr. l'Evêque.

Elizabeth Guibaud 60. Temoin & le 16. du Promoteur, depose qu'un jour de Vendredy du mois de Novembre, passant devant la maison de la Cadiere, où il y avoit un grand concours du monde, elle vit le Prieur des Carmes criant par la fenêtre, faites entrer du monde, du secours, il nous faut des temoins, & que tout d'un coup elle vit entrer une foule de monde dans la maison de la Cadiere.

Mais ne venons-nous pas de prouver la fausseté de ce fait en discutant le precedent Temoin.

La Dame Magdelene Bernard 61. Temoin & le 17. du Promoteur, depose, que dans une partie de plaisir que la Cadiere, & ses amies firent à la Bastide du sieur Malard, où il n'y avoit point de chaise, mais seulement un bois de lit, on dit à cette premiere: voila un lit pour une Carmelite, & que voulant faire voir la figure qu'elle fairoit si elle étoit morte Carmelite, elle s'y étendit, & fit la morte, & qu'on lui chanta le *libera me Domine*: que s'étant levée, on lui dit, qu'elle faisoit bien la morte, & qu'elle repondit, je la sçay bien faire ; n'étant pas bien certaine du fait, mais il lui semble pourtant la chose être ainsi (ce sont les propres termes de cette deposition.) Ce Temoin a été confronté à la Demoiselle Cadiere , tandis qu'on a laissé en arriere une partie de ceux qui chargent le Pere Girard de faits très-graves.

Que veulent conclurre les Jesuites d'un pareil fait deposé même d'une maniere si incertaine ? Que la Demoiselle Cadiere a contrefait ensuite l'obsedée. Mais si la passion n'a pas encore achevé d'éteindre chez eux l'usage de la raison, ne voyent-ils pas que ce n'étoit-là qu'un badinage parmi de jeunes Filles, qui se divertissoient à une campagne ? Et comment pouvoir persuader qu'elle ait contre-fait ensuite l'obsedée, tandis qu'il est si bien prouvé même par les Aveus de l'Accusé, qu'elle l'étoit veritablement ? Cette puerilité est bien propre à prouver jusques où les Jesuites ont poussé & leurs recherches, & leurs impostures.

La Dame Claire Marie de Gerin Superieure du Monastere Sainte Ursule de la Ville de Toulon le 67. Temoin & le 18. du Promoteur. C'est ici la penitente actuelle du P. Girard, la Sœur d'un Jesuite, la Superieure du Monastere où la Demoiselle Cadiere a souffert tant de mauvais traitemens, tant de violences, & de menaces, où cette premiere avoit eu si bonne part : qui avoit encore écrit sous le dictamen de l'Accusé une longue Lettre, qu'on a vû courir dans le public, pleine de suposi-tion , pour tacher de le justifier, & d'incriminer la Querelante, & qui partoit si bien de la main du P. Girard, qu'on y reconnoissoit son stile, & qu'on y trouvoit jusques à son terme favorit de *Griffonage*, & qui s'étoit aidée à persuader à la Dame de Cogolin autre penitente de l'Accusé d'écrire à la Dame de Beaussier une Lettre pour lui faire suborner de Témoins, comme il est de notorieté à Toulon. Quelle foy peut-on ajoûter à un pareil temoin ? Sa deposition ne dement point cette idée.

Elle depose 1°. Que depuis 4. ans que la Laugier avoit demeuré pendant une année dans son Couvent en qualité de Converse, elle avoit des vapeurs qui lui faisoient faire des convulsions considerables : qu'il y avoit plusieurs Religieuses attaquées du même mal, ausquelles les remedes ne faisoient rien, & que la Laugier en guerit sans en avoir employé aucun; pour faire presumer que les faits qu'on attribuë icy à une obsession n'ont d'autre cause que des vapeurs. Mais n'avons-nous pas prou-vé dans nôtre Precis page 6. *in fine*, & au commencement de la page 7. par 12. Temoins irreprochables , que les accidents de la Laugier procedoient veritable-ment de l'Obsession.

2°. Elle dit que la Sœur Legier étant atteinte du même mal, la Demoiselle Ca-diere voulut lui persuader qu'elle étoit obsedée, ou possedée, & qu'elle-même l'avoit été, & que le Demon l'avoit faite beaucoup souffrir pour se vanger des victoires qu'elle avoit remportées sur elle-même par l'acquisition des vertus.

Ne voit-on pas dans toutes ces depositions ce stile Jesuitique, & mensonger ? On veut par-là persuader que la Demoiselle Cadiere n'a point été obsedée, qu'elle l'a contrefaite , & qu'elle avoit, comme dit l'Accusé auteur de toutes ces deposi-tions, *l'impie fureur de passer pour sainte*.

Mais outre que c'est une chose assés connüe à Toulon que la Sœur Legier an-cienne penitente du Pere Girard , est dans les mêmes états, qu'avoit été la Ca-diere : Dailleurs à qui veut-on persuader que celle-cy ait contrefait l'obsedée, tan-dis qu'il est si bien prouvé, même par les Aveus du P. Girard & par ses Lettres, qu'elle l'a eté veritablement.

2°. Si elle étoit agitée de l'impie fureur de passer pour sainte, d'où vient que lors qu'elle se trouva ces playes que le P. Girard donnoit pour des vrais stigmates, elle vouloit ne les faire regarder que comme des plaïes naturelles , & qu'elle les fai-soit penser ; & qu'il falut que l'Accusé lui arrachât lui-même ces emplatres, lui deffendit d'y en mettre , *& la reprit très-severement de son peu de courage & de son peu de foy.* D'où vient qu'elle cachoit avec tant de soin tous ces faits extraor-dinaires qu'il lui faisoit accroire être des miracles, & qu'elle avoit tant de repu-gnance à lui donner le Carême , qui en contient l'histoire, & qu'il falût qu'il lui fit tant de violence pour le lui arracher comme malgré elle ?

La

La Sœur Marie Therese Legier Religieuse Ursuline du même Monastere 68.
temoin & le 19. du Promoteur, ne depose que des faussetés évidentes, & sa depofition se ressent extremement de l'anciene direction de l'Accusé & de la direction
actuelle de ses Confreres.

Elle depose 1°. que depuis 3. ans que la Demoiselle Cadiere étoit encore sous la
direction du Pere Alexis, comme elle passoit pour une sainte, & qu'elle ne pouvoit
pas resister à l'impression des graces, qu'elle recevoit. Cela a pour objet d'attribuer
au Pere Alexis les Extases, & les Visions de la Demoiselle Cadiere, dans le tems
que le Pere Girard convient sur les 9. & 23. Inter. qu'elles n'avoient commencé que 14.
mois après que la Cadiere fut sous sa direction.

2°. Que la Querellante l'avoit assurée que tout ce qu'on disoit de merveilleux
d'elle étoit veritable; qu'elle s'étoit beaucoup avancée dans le chemin de la perfection; qu'elle avoit remporté beaucoup de victoires sur elle; que le P. Girard
lui deffendoit de le dire, mais qu'elle ne pouvoit pas s'empecher, & qu'elle étoit
sur le même pied que Saint Paul, qui convenoit que la grace n'avoit pas été inutile en lui; pour persuader qu'elle avoit la vanité, & la fureur de passer pour sainte. Nous venons de montrer la fausseté d'un pareil fait sur la precedente deposition.

3°. Que la Cadiere lui avoit dit *que le P. Girard son Confesseur la tenoit fort
basse, lui prechoit l'abstinance, les macerations du corps, la discipline, l'obéissan-
ce à ses parents, la modestie dans ses habits, l'exhortoit à ne prendre pas si souvent
du linge blanc, & d'aller moins propre les jours ouvriers que les jours de Fête, &
de Dimanche; & que nonobstant toutes ces pratiques, elle étoit tombée dans des
secheresses, & dans des ariditez ne pouvant pas faire un acte de contrition, ni
d'amour de Dieu sans le secours du Pere Recteur qui lui aidoit à les former.*

Ce langage est aussi évidemment faux, que ridicule: il est notoire à Toulon
que la Demoiselle Cadiere depuis son enfance portoit des habits très-modestes, mais
propres; que bien loin que le P. Girard eût voulu diminüer sa propreté, il lui inspi-
roit toujours de l'augmenter; qu'il étoit éloigné de lui précher ni l'abstinance, ni la
maceration, & que s'il lui préchoit la discipline ce n'étoit qu'à condition qu'il la
lui donneroit lui-même. A travers de tous ces mensonges on laisse ici entrevoir l'impuissance de prieres dans laquelle il l'avoit jettée: mais quand il s'enfermoit avec
elle ce n'étoit pas sans doute pour l'aider à former des actes de contrition &
d'amour de Dieu.

4°. Elle raporte la Vision de la Sainte Trinité qu'elle embelit de nouvelles circonstances. Comme cette Vision qui procedoit du Quietisme est raportée dans le
Carême; nous ne nous y arrêtons pas.

5°. Elle dit qu'ayant fait confidence à la Cadiere des colliques, ausquelles elle
étoit sujette, celle-cy lui repondit que cette maladie n'étoit pas naturelle, & qu'il
y avoit de l'Obsession ou possession du Demon; qu'elle en avoit fait l'experience.
Ce fait a été discuté sur la deposition de la Dame de Gerin.

6°. Elle dit que quand la Cadiere prenoit trop de plaisir à certains ouvrages;
l'Accusé lui deffendoit de les continuer; tandis qu'il est prouvé qu'il affranchissoit
tout son troupeau stigmatisé, & sur-tout la Cadiere de l'obligation de prier Dieu,
& qu'il leur permettoit de faire des parties de plaisir à la campagne, & des mas-
carades.

7°. Que la Cadiere lui avoit dit qu'elle voyoit le fonds des consciences. Le fait
est vray, & bien prouvé même par les Lettres & les Aveus du P. Girard, comme
nous l'avons montré dans nôtre Precis pag. 6. Le seul doute est si elle l'avoit dit
à cette Religieuse, ce qui seroit assez indifferent.

8°. Elle dit que la Cadiere lui avoit raconté la Vision, qu'elle avoit eu au sujet
de la Sœur de Remusat: qu'elle avoit apris dans cette Vision qu'un jour ayant reçû une Lettre qui lui étoit adressée, elle la remit au Pere Recteur sans la voir, lequel l'ayant ouverte, & n'ayant pas jugé à propos de lui en faire voir le contenu,
ui dit seulement de prier Dieu pour ceux qui lui avoient écrit, & qu'ayant envie
de le sçavoir, & s'étant mise en priere, Dieu lui aporta cette Lettre, & la lui fit
lire, jusques au *vôtre*; ce qui l'obligea de voir l'Accusé, & de lui dire qu'il faloit qu'il

eût laiffé fa caffette ouverte , puifqu'on lui avoit aporté la Lettre qu'il lui avoit retenuë , & que la Cadiere lui en avoit dit le contenu.

La Vifion de la Sœur de Remufat eft contenuë dans le Memoire que le Pere Girard a fait faire à la Cadiere : le furplus eft une fauffe broderie dont il a plû à ce temoin de l'embelir. En effet , lors de la confrontation quoique faite dans un tems affez nebuleux , puifque c'étoit le 7. Mars , la Demoifelle Cadiere lui a foutenu qu'elle ne fçavoit pas que le fait de cette Lettre fût jamais forti de fa bouche.

Magdelene Vitalis 69. temoin & le 20. du Promoteur, depofe, *d'avoir entendu dire à Antoine Maftre fon mari , qui eft maintenant abfent , & en·Mer, qu'étant accouru chez la Cadiere dans fes derniers accidents , il la prit entre fes bras, pour la foutenir , & que lors qu'il étoit dans cette occupation , il entendit Meffire Cadiere l'Ecclefiaftique , qui difoit , voyez ce malheureux , il faut que juftice foit faite , il faut le faire punir ; & qu'alors le Prieur des Carmes lui dit de ne pas parler fi haut , qu'il n'étoit pas encore tems , & que cela viendroit dans la fuite. Depofe encore qu'étant au voifinage du Couvent des Peres Carmes elle a vû depuis les accidents arrivez , Cadiere la mere , le fils marié , & le fils Ecclefiaftique venir journellement & frequemment dans ledit Couvent , & jufques à 7. à 8. fois par jour , & à toute heure. Ajoute encore avoir entendu dire à Sauvaire Maçon que la Demoifelle Cadiere difoit , il faut le faire bruler , & que fon fils Ecclefiaftique repondit il faut manger pour cela tout ce que nous avons.* Voila fa depofition tout au long & mot pour mot.

Les Jefuites font allés chercher une femme de mauvaife vie , qui avoit été chaffée du Lieu de Toucas pour fes dereglements , penitente du Pere Girard , & qui s'intereffoit fort pour lui , comme il eft prouvé par la depofition d'Anne Achard qui eft le temoin fuivant , pour lui faire depofer toutes ces fauffetés ; mais il n'eft pas difficile de montrer que ce ne font là que des impoftures. 1°. Il faut retrancher d'abord le premier , & le dernier fait , parce qu'en cela elle ne parle que pour avoir oüi dire à des perfonnes tierces , que les Peres Jefuites n'ont pas ofé faire affigner , parce qu'elles n'ont pas voulu aparemment fe preter au menfonge. Car c'eft une maxime certaine tirée du chapitre *Licet ex quadam de teftibus.* aux Decretales, confirmées par tous les Canoniftes , & par tous les Docteurs , & fur-tout par Dumoulin fur la Coûtume de Paris Tit. 1. § 8. *in verb.* Denombrement N. 33. que le Temoin *de auditu alieno,* ne fait aucune preuve, à moins que celui à qui il dit d'avoir oüi dire , ne foit oüi en temoin, & qu'il ne confirme fa depofition.

2°. Cette depofition choque même les régles de la vraifemblance, & par-là elle doit être reputée fauffe , fuivant les Auteurs raportez en foule par Barbofa *In Repert. Prag. Concluf. in verb. Teftis. pag. 229. Tefti teftificanti non verifimilia ftandum non eft.* Or eft-il vraifemblable que fi la famille de Cadiere & le P. Carme euffent formé un complot, ils l'euffent manifefté à tout le monde, & qu'ils euffent parlé ainfi devant ce Matelot mari de ce témoin, & devant le Maçon qu'on cite.

3°. Pour pouvoir foupçonner qu'il y eût un complot, il faudroit que le P. Girard fût innocent ; cependant il eft convaincu de tous les crimes, dont il eft accufé, non feulement par un grand nombre de témoins, mais même par fes Lettres, & par fes propres Aveus. Enfin quand il faudroit fupofer contre la verité que la Demoifelle Cadiere mere eût dit : Il faut le faire bruler ; & que l'Abbé eût ajoûté : Il faut manger tout nôtre bien pour cela ; s'enfuivroit-il que ce fût un complot , & ne feroit-ce pas plutôt-là une jufte refolution de pourfuivre la vengeance des crimes , qui ont deshonnoré leur famille, & la Religion ?

Anne Achard 70. Tem. & le 21. du Promoteur, depofe 1°. La pretenduë frequentation de la famille de Cadiere au Couvent des Carmes, qui eft l'Eglife la plus proche de leur maifon. Nous venons de montrer la fauffeté, ou du moins l'inutilité de ce fait.

2°. Elle fait une hiftoire meditée chez les Jefuites, pour perfuader que les Carmes étoient piquez contre eux de ce que le Prieur de ceux-ci dans une Thefe que les Jefuites faifoient foutenir à Lion, avoit mis au fac le Catedrant, & le Cercle de ces Reverends Peres : & fuivant cette femme d'un Artifan, qui eft le feul temoin qui parle de ce fait, ce n'étoit pas-là un reſſentiment de la part des Jeſuites contre les Carmes, mais de la part des Carmes contre les Jeſuites. Le ridicule de la cauſe, montre bien la fauſſeté de l'effet. Il ne faut pas être ſurpris ſi c'eſt-là tout viſiblement la depoſition d'un faux témoin, puiſque c'eſt dans la maiſon de cette femme que le Promoteur, le Pere de Sabatier, & les Pénitentes ſtigmatiſées de l'Accuſé s'aſſembloient pour ſuborner des témoins, & pour comploter, comme nous avons toûjours offert de le prouver.

Anne Tronc 71. Temoin, & 22. du Promoteur, depoſe, *qu'elle a vû ſouvent la* *Cadiere la mere à la premiere, & ſeconde Meſſe qu'on dit dans l'Egliſe des Carmes,* *& que dez qu'elle paroiſſoit, le Prieur, & elle ſans s'être fait aucun ſigne, entroient* *dans une Chapelle, & parloient enſemble, & qu'elle a vû encore très-ſouvent les enfans* *de ladite Cadiere, ſçavoir l'Eccleſiaſtique, & le marié entrer dans le Couvent des* *Peres Carmes, ce qui eſt arrivé depuis les accidents de la Cadiere, & qui continuë* *encore de la part de la mere aujourd'hui, y ayant quelques jours qu'elle n'y a pas vû* *entrer ſes enfans.*

Si l'on regarde cette frequentation chez les Carmes, comme une preuve de complot, ſuivant le ridicule ſiſtéme des Jeſuites, d'où vient que la Mere de la Demoiſelle Cadiere, & ſon fils l'aîné qui eſt marié, n'ont pas été decretez ; eux qui ſur ce pied-là ſont les principaux auteurs de ce complot, puiſqu'ils alloient plus ſouvent au Couvent des Carmes que le reſte de la famille ? Au ſurplus, c'eſt fortune que ce témoin n'ait pas attribué à la Querelante la démarche qu'elle impute à ſa mere. Quelle pitoyable reſſource de la part d'un Accuſé ſi bien convaincu de tant de crimes énormes !

Le 72. Temoin & le 23. du Promoteur, étoit la Dame de Cogolin pénitente du P. Girard, qui avoit écrit ſous ſon dictamen la lettre du 28. Janvier, pour lui ſuborner des témoins. Mais comme la Cour par ſon Arreſt du 14. Août dernier a rejetté ſon témoignage, nous ne perdrons pas ici le tems à montrer les fauſſetez qu'on lui avoit fait depoſer.

La Sœur Thereſe Urſule Saurin Religieuſe du Couvent Sainte Urſule de Toulon 73. Tem. & le 24. du Promoteur, pénitente du P. de Sabatier confrere, & ſi bon ami du P. Girard, comme elle l'a avoüé dans ſa confrontation, & comme on le reconnoitra dans ſa depoſition, dit 1°. Qu'il y a environ deux ans que le P. Alexis Carme Déchauſſé étant venu dans le Monaſtere, elle lui fit compliment ſur les Filles du Tiers-Ordre, dont il eſt Directeur en le loüant du talent qu'il avoit de les élever à la miſticité ; ledit Pere lui répondit, *c'étoit-là l'eſprit de l'Ordre, & qu'il y* *en avoit pluſieurs dans cette Congregation, qui étoient dans un haut degré de vertu,* *& entre-autres la Cadiere, qui étoient comparables aux Saintes Catherine de Sienne,* *& Thereſe ; que c'étoient des extaſes, des revelations, & des communications intimes avec Dieu qui leur étoient continüelles.*

1°. Juſques ici nous n'avons pas oüi dire que les Carmes Déchauſſez ayent eu la temerité de diſputer aux Jeſuites le talent d'exceller dans cette miſticité.

2°. S'il n'y avoit pas encore deux ans ſuivant cette depoſition que la Demoiſelle Cadiere avoit ſes extaſes, ſes revelations, & ſes communications intimes avec Dieu, la gloire n'en peut pas être attribuée au P. Alexis, puiſqu'il n'en étoit plus Directeur depuis 1727., & qu'elle étoit ſous la Direction du P. Girard depuis la fin du mois d'Avril ou le commencement de May 1728. comme il en convient ſur le 5me. Interrogatoire.

3°. N'eſt-il pas prouvé par les Aveus de l'Accuſé ſur le 9. & 23. Interr. qu'elle n'a commencé d'avoir des extaſes, & des viſions que 14. mois après qu'elle fut devenuë ſa pénitente.

En ſecond lieu, elle depoſe, que Magdelene Pauquet lui avoit dit, *Que quand* *la Demoiſelle Cadiere étoit à la Baſtide de ſon Oncle aprez ſa ſortie du Couvent, le* *Prieur des Carmes y étoit continuellement ; qu'il paſſoit tous les matins dans ſa chambre* *avec elle, ne deſcendant que pour dîner, y remontant encore l'aprez-diné, joüant ſou-* *vent à la boule enſemble avec l'Abbé Camerle ; que lorſqu'ils étoient à table, ils chan-*

toient, & choquoient le verre, & que la *Demoiselle Cadiere*, & *le Prieur des Carmes avoient dansé une fois ensemble.* L'Accusé a mis la même suposition dans la bouche de trois autres témoins, qui sont la Sœur Gaudin, la Sœur Portalis, & la Dame de Cogolin. Cependant c'est-là une indigne fausseté dont il a voulu salir l'imagination de ces quatre Religieuses, puisque non seulement Magdelene Pauquet à qui elles veulent l'avoir oüi dire, n'a pas parlé de ces faits dans sa deposition, comme nous le montrerons tantôt en l'examinant ; mais encore lors de la confrontation de Pauquete avec la Demoiselle Cadiere, celle-cy l'avant interpellée de declarer si cela étoit vrai, & si elle l'avoit dit à ces Religieuses, elle répondit qu'elle n'avoit rien vû de pareil, & qu'elle ne le leur avoit point dit. Ce qui suffit non seulement pour decrediter ce fait dans ces quatre Religieuses, mais même pour répandre un soupçon de faux sur leurs depositions : *Testis qui reffert se ad alium, qui hoc non dicit, est suspectus,* dit Barbosa en l'endroit cité pag. 226. après la Loi 2. au ff. *De conditionib. & demonst.* & plusieurs autres Docteurs. Il est bien vrai qu'un jour que Mr. l'Evêque fit l'honneur à la Demoiselle Cadiere de diner à sa Bastide, le Prieur des Carmes comme tous les autres assistans bût à sa santé, & qu'après avoir accompagné Mr. l'Evêque, au retour la Demoiselle Cadiere, le Prieur des Carmes, & les autres personnes qui étoient avec eux poussoient des boules : mais est-ce là un crime ?

Genevieve Ventresse femme d'Antoine Martin, 74. Tem. & le 25. du Promoteur, depose, *Ne sçavoir autre chose si ce n'est que depuis environ trois semaines, ou un mois elle a vû la Demoiselle Cadiere mere, & ses enfans l'Ecclesiastique & le marié aller journellement, & continuellement dans le Couvent des Peres Carmes : ce qu'elle a vû & observé facilement, attendu qu'elle est logée au voisinage.* Nous venons de discuter ce fait dans les précédents témoins.

François Robion Chirurgien 75. Tem., & le 26. du Promoteur, qui est le Chirurgien actuel de la Maison des Jesuites de la Ville de Toulon, depose, que la Laugier *s'étant trouvée mal dans l'Eglise des Jesuites, elle fut se reposer chez lui ; qu'elle y éut des convulsions, des vomissemens, & des évanoüissemens qu'il crut proceder des passions isteriques.* Il ajoute *qu'il lui donna pour cela les remedes convenables, comme il lui arrive tous les jours, & qu'elle fut hors d'affaires dans deux ou trois heures,* ce sont les termes de sa deposition.

1°. Ces sortes de maux passent la portée des Chirurgiens, & ne sont que de la connoissance des Medecins, comme Caudeiron autre Chirurgien 48. temoin l'a avoüé dans sa deposition.

2°. Ces petites convulsions, ces vomissemens, & ces évanoüissemens dont parle ce temoin, sont bien differents des accidents de la Laugier, qui sont prouvés par la procedure, pendant lesquels quatre personnes ne pouvoint pas la retenir, & elle mordoit le Crucifix, & y crachoit dessus.

Enfin si ce temoin pour faire plaisir aux Jesuites dont il est le Chirurgien, a pretendu dire par là que la Laugier n'avoit pas eu des accidents d'obsession, il faut le mettre au rang des faux temoins, puisqu'il est invinciblement prouvé par la procedure qu'elle étoit veritablement obsedée, comme nous l'avons montré à la pag. 30. & 31. de nôtre premier Memoire, & aux pages 6. & 7. de nôtre Precis ; il est même de notorieté publique qu'elle est encore actuellement obsedée, dont toute la Ville de Toulon est soulevée.

Magdelene Pauquet 76. temoin & le 27. du Promoteur depose, que l'Eté passé la Demoiselle Cadiere étant à la Bastide de son Oncle, elle y tomboit en Extase ordinairement deux fois le jour, & quelque fois trois, qu'elle y étoit visitée presque tous les jours par un Ecclesiastique nommé Camerle, & que le Prieur des Carmes y étoit venu quelque fois, lequel y passa une nuit au plein-pied de ladite bastide sous le treillas en compagnie de ladite Cadiere, dans le tems que la Deposante & les autres de la bastide se retirerent dans leur apartement. Ajoûte encore que quand ladite Cadiere étoit dans ses Extases, on la pinçoit sans qu'elle en ressentit rien.

1°. Ces

1°. Ces Extases frequentes prouvent qu'alors la Demoiselle Cadiere étoit enco-re dans les états où le Pere Girard l'avoit jettée, & que ce n'étoit pas là une co-medie, comme il le dit faussement aujourd'hui,

2°. Le Prieur des Carmes n'alloit la voir que de l'ordre de Mr. l'Evêque.

3°. Il est prouvé par la Procedure, que la Demoiselle Cadiere, & le Prieur des Carmes ne passerent point la nuit sous le treillas, mais bien dans la chambre de cette premiere dans un état de confession, la porte de cette chambre étant ouverte avec un flambeau alumé sur la table, qui étoit au milieu, & les freres Cadiere étant dans l'autre chambre, qui n'est separée de celle là que par un buget. Les Carmes n'ont pas le privilege de confesser à porte fermée ; & si cette Fille eut l'imbecillité de croire qu'ils avoient passé la nuit sous le treillas, c'est parce qu'elle les y laissa en s'allant coucher, & qu'elle les y trouva le lendemain à son lever.

Magdelene Toulon mere de la fameuse Laugier 77. temoin & le 28. du Promoteur, depose 1°. Que les accidents de sa Fille ne procedoient que de vapeurs. Nous venons de montrer la fausseté de ce fait.

2°. *Que le Frere Ange Carme Dechaussé aprés les accidents arrivez à la Cadiere dans la nuit qu'elle passa pour avoir été possedée, lui dit pendant deux fois que si quelques penitentes du P. Recteur, n'avoient pas été à Saint Antoine parler à Mr. l'Evêque contre la Cadiere, & leur Prieur, cela ne seroit pas arrivé, & que tous les procez mûs étoient la suite, & une dependance de cette conduite, sans quoy il ne seroit rien arrivé: & le Pere Alexis autre Carme Dechaussé lui avoit ajoûté, Que le Pere Girard avoit sous sa direction une troupe de Filles, qu'il menoit par la voye du Quietisme, & que dans peu on verroit bien des choses, & qu'en effet l'accident de la Cadiere arriva un ou deux jours aprés.*

1°. Ce temoin ne peut faire à cet égard aucune preuve, puisqu'elle pretend ne parler que de la bouche des personnes tierces, qui n'ont pas été oüies en temoin, sui-vant la regle deja établie.

2°. Ce fait est évidemment faux, soit parce qu'il est hors de toute vraisemblan-ce que ces deux Carmes Dechaussés eussent tenu un semblable discours à une femme d'un pareil caractere, & aussi venduë aux Jesuites que l'est la mere de la Lau-gier, soit parce que pour que ce raisonement pût être veritable il faudroit supo-ser que les accidents du 16. au 17. Novembre étoient une comedie, & que la Demoiselle Cadiere n'avoit jamais été Obsedée ; cependant il est prouvé par un grand nombre de Religieuses du Couvent Sainte Claire d'Ollioules, qu'elle y avoit eu plusieurs accidents d'Obsession trés-violents ; & il est justifié par les Lettres, & les Aveus du P. Girard qu'elle avoit été veritablement obsedée, comme nous l'avons deja dit si souvent, & que nous l'avons montré dans nôtre Precis au chapitre de l'Enchantement ; aussi son temoignage a si bien été regardé comme inutile, qu'elle n'a été confrontée ni à la Cadiere ni au Pere Girard.

François Amiot 78. temoin, & le 21.me du Promoteur, veut faire le bel esprit, & persuader que les trois accidents de la nuit du 16. au 17. n'étoient qu'une come-die dont le Prieur des Carmes étoit l'auteur. Le Deffenseur de celui-cy à la pag. 27. & 28. de son Memoire a si bien montré la fausseté & le ridicule de sa deposition, qu'il seroit superflu d'y rien ajoûter.

Magdeleine Ricousse 79. temoin & le 30.me du Promoteur, depose 1°. Que la De-moiselle Cadiere lui ayant envoyé trois garnitures de coëffes pour les blanchir, les deux plus proches de la tête étoint teintes de sang à commencer depuis le dessus du front jusques aux oreilles à droit & à gauche, ce qui lui fit dire que la Demoiselle Ca-diere portoit quelque couronne pardessous ses coëffes, parce qu'alors on avoit une idée de sainteté d'elle.

L'induction que ce temoin veut tirer que ces coëffes avoient été teintes par une couronne que la Demoiselle Cadiere portoit, est dementie par toute la procedure, & même par les aveus de l'Accusé, soit parce qu'il n'y a point d'autre temoin qui tienne un pareil langage, & que celui-ci est à cet égard singulier : tout ce qui avoit été fait ici à main d'homme se reduisoit à ce que le P. Girard avoit lui-même coupé & emporté les cheveux qui étoient autour de la tête de la Demoiselle Cadiere à l'endroit qui formoit cette couronne, comme il est prouvé par la deposition de la Dame Boyer 97. temoin ; soit parce que si l'on repand un soupçon sur la couronne, il faudra l'étendre à tous les autres Stigmates de la Cadiere, dont la verité est si bien constatée par tant de temoins, par les Lettres, & les Aveus de l'Accusé. Mais la Cadiere étoit-elle la seule penitente du P. Girard, qui avoit des Stigmates? N'y en avoit-il pas encore 7. à 8. autres, qui en avoient comme elle ? Les leur avoit-elle faits ? Et si cela est, par quel miracle la confidante Guiol, & les autres pénitentes Stigmatisées & favorites du P. Girard, qui ont deposé dans cette procedure, & qui ont dit tant de faussetés, pour lui procurer l'impunité de ses crimes, n'ont pourtant pas parlé de ce fait.

Enfin le P. Girard n'a-t'il pas avoüé la verité, & l'existance de cette couronne sur le 129. Inter. En voici les termes : *A repondu l'avoir vûë ; que c'étoit un petit cercle large d'environ deux doigts, teint de sang. Et sur le 130. Inter. il ajoûte, Qu'une fois dans l'Eglise en apuyant la main sur le haut de sa tête, elle le fit apercevoir, qu'il en decouloit du sang sur le front, & se plaignoit des douleurs qu'elle ressentoit.*

2°. Elle dit qu'un jour ayant questioné la Demoiselle Cadiere sur le sang de ses coëffes, elle lui dit que le croc de la viande, qui lui étoit tombé sur la tête lui avoit fait cela, ce qu'elle ne crût pas, parce que la chute du croc ne pouvoit pas faire cet effet, que ces coëffes fussent teintes de la maniere qu'elles l'étoient. La Demoiselle Cadiere dans sa confrontation avec ce temoin dit que quand elle avoit allegué une pareille cause c'étoit pour cacher les dons de Dieu, ce qui fournit une nouvelle preuve qu'elle ne les publioit pas.

3°. Que le jour de la Trinité la Demoiselle Cadiere qui venoit des Jesuites, lui dit : Margouton je m'en va crier de toutes mes forces au secours : à quoi la deposante repondit : crie tant que tu voudras ; & alors la Demoiselle Cadiere lui dit d'un air riant, & mocqueur : le P. Recteur m'a donné pour penitence de dire des *Gloria Patri.*

Le premier de ces deux faits, n'est qu'une imposture, que les Jesuites ont mise dans la bouche de ce faux temoin, pour donner à la Demoiselle Cadiere un air d'étourderie, qu'elle n'a jamais eu, & qui est dementi par la voye publique, & même par son seul aspect.

Le second fait qui n'a pour objet que d'affoiblir les preuves du Quietisme, est une imposture évidente. Car comment veut ce temoin, que la Demoiselle Cadiere lui ait dit que le P. Girard lui avoit donné pour penitence de dire des *Gloria Patri,* tandis qu'il est si bien prouvé par la procedure, qu'il l'avoit non seulement dispensée de toute priere vocale, mais encore qu'elle étoit dans une impuissance de prier.

Enfin elle ajoute que le Prieur des Carmes lui avoit dit : Vous sçavés bien de choses, il faut les dire, ou bien, il faut me les dire, n'étant pas memorative, s'il lui dit l'un ou l'autre.

Si ce fait étoit veritable, on n'en sçauroit rien conclurre de criminel, ni contre la Demoiselle Cadiere, ni contre le Prieur des Carmes, puisqu'il ne lui auroit dit de dire que ce qu'elle sçavoit, & par consequent ce qui étoit veritable. Que nous serions hureux si les Jesuites avoient borné là leurs soins auprès de leurs temoins ! Mais les deux faussetés dont nous venons de le convaincre, ne sont-elles pas une preuve que ç'en est ici une troisieme ?

Antoine Guiou Valet de Mr. l'Evêque 80. Tem. & 31. du Promoteur, depose, *Que suivant ce Prelat à la Bastide de la Demoiselle Cadiere, il s'entretint avec la servante nommée Claire, à qui il demanda s'il avoit vû la Demoiselle Cadiere sa maitresse en Extase, & elle lui repondit, l'avoir vûë une fois : & lui deposant lui ayant encore demandé, si elle restoit en l'air lors qu'elle étoit en Extase, elle repondit l'avoir vûë élevée à la hauteur d'une chaise, sans qu'elle touchât rien. Depose encore qu'ayant demandé à la même Servante comment sa maitresse, ses freres le Jacobin & l'Ecclesiasti-*

que le Prieur des Carmes, & sa maitresse pouvoient coucher dans cette même Bastide,
n'y ayant point de lit au plein-pied, elle lui repondit, qu'il y avoit en haut deux cham-
bres, dans l'une desquelles sa maitresse couchoit, & dans laquelle le Pere Prieur des
Carmes passoit presque toute la nuit à cause des Extases de la Demoiselle Cadiere ; &
le Deposant ayant demandé à ladite servante à quoy servoit le P. Prieur des Carmes
dans ses Extases, elle repondit que pendant que la Demoiselle Cadiere restoit en Extase
le P. Prieur des Carmes recitoit les Litanies des Saints, & autres Prieres, & que
quand lesdites prieres finissoint, les Extases finissoient aussi. De plus depose que la
même Servante lui dit, que le P. Recteur avoit grand tort d'avoir quitté de con-
fesser la Demoiselle Cadiere ; & lui deposant lui ayant demandé si sa maitresse se
plaignoit dudit P. Recteur, elle lui repondit, que non, & qu'au contraire sa maitresse
disoit lui avoir toute sorte d'obligations. Ajoûte encore que le P. Cadiere Dominicain
étant allé à Saint Antoine, il racontoit à Mr. l'Evèque plusieurs miracles de sa Sœur, &
comme il fut temoin occulaire de ce recit, & de plusieurs autres de cette espece, qu'il
avoit entendu ; comme il fut au Jardin en compagnie du P. Cadiere, il le pria de vou-
loir bien lui obtenir par les prieres de sa Sœur, que Dieu lui donnât un fils, ledit
Pere Cadiere lui promit alors d'en parler à sa Sœur, & étant revenu à Saint An-
toine le même jour sur le soir, après avoir parlé à sadite Sœur, il dit au deposant que
ce n'étoit pas la volonté de Dieu.

Nous avons raporté toute la teneur de cette deposition pour prouver, qu'elle est
pleine d'impostures. Pour en montrer l'inutilité, il nous suffiroit de dire que ce
temoin ne parle que pour avoir oüi dire à la Servante de la Demoiselle Cadiere,
& que cette Servante qui est Claire Berarde 11me. temoin n'a rien dit de tout ce
que ce Valet veut avoir oüi dire ; de sorte que bien loin d'avoir confirmé la
deposition de ce Témoin, elle l'a detruite suivant le principe deja établi. Mais
montrons encore que la deposition de ce Valet de l'Evêché est remplie de faussetés.

1°. Il veut que la Servante lui ait dit de n'avoir vû sa maitresse en Extase qu'une
seule fois ; cependant il est prouvé par la procedure que la Demoiselle Cadiere avoit
des Extases continuelles en tout tems & en tout lieu. L'Abbé Camerle, & Magdelaine
Pauquet, qui sont deux témoins du Promoteur, dont le premier est l'Aumonier de Mr.
l'Evêque, ne deposent-ils pas, qu'alors la Demois. Cadiere avoit trois ou quatre Extases par jour ? Ne trouve-t'on pas même une contrarieté dans la deposition de ce
Valet, puisqu'il dit ici que la Servante l'avoit assuré de n'avoir vû sa maitresse
en Extase qu'une seule fois, & un moment après il fait dire à cette Servante que
sa maitresse avoit des frequentes Extases toute la nuit, pour avoir un pretexte de
suposer que le Prieur des Carmes passoit une partie de la nuit dans sa chambre ;
n'est-ce pas là tout visiblement le langage de l'imposture ?

2°. Si la Servante lui avoit dit que sa maitresse avoit été élevée en l'air, elle
n'auroit dit que la verité, puisque ce fait est prouvé par la deposition de Messire
Giraud Curé, & par celle de la Dame Boyer 2d. & 97. Temoin.

3°. S'il est vrai que ce Valet eût questionné si curieusement la Servante pour
sçavoir comment la Demoiselle Cadiere, ses deux Freres, & le Prieur des Carmes
pouvoient coucher dans cette Bastide, n'y ayant point de lit au plein-pied, crai-
gnoit-il que le Prieur des Carmes ne voulût marcher sur les traces de son prede-
cesseur en direction ? Mais admirons ici la partialité de l'Official, de glisser dans
cette deposition non seulement des faits qui étoient hors de sa commission, & qui
n'étoient contenus, ni dans la plainte du Promoteur, ni dans celle de la Demoiselle Cadiere, puisque le Carme Dechaussé n'étoit pas accusé d'avoir imité le Jesuite ; mais encore il redige ce fait d'une maniere artificieuse, & malicieuse : car
après avoir dit que la Servante lui avoit répondu, qu'il y avoit deux chambres là
haut, au lieu de dire que l'Abbé Cadiere couchoit dans la chambre où étoit le lit
de sa Sœur, & le Prieur des Carmes & le Dominicain dans l'autre, ne pouvant
pas dire que le Carme couchât dans la même chambre où étoit la Demois. Cadiere,
il veut au moins le faire soupçoner d'y aller passer presque toute la nuit sous pretexte

des Extafes que celle-cy avoit, & des prieres qu'il faifoit pour elle ; & afin de répandre un foupçon fur ces Extafes, on dit que quand les prieres finiffoient, les Extafes finiffoient auffi. Eft-ce ici une procedure de Juftice, ou l'Iniquité-même qui en prend la place ? Mais comment repandre un foupçon fur la verité de ces Extafes, fi la Demoif. Cadiere en avoit trois ou quatre bien rééles chaque jour à cette Baftide, comme il eft prouvé par l'Abbé Camerle & par Pauquet, deux temoins du Promoteur, n'en pouvoit-elle pas avoir quelqu'une pendant la nuit, ou pour mieux dire, quelques accidents d'Obfeffion ? Et fi lors de ces accidents le Prieur des Carmes tout comme les autres perfonnes qui étoient dans cette Baftide accouroit à la chambre de cette Fille pour lui donner du fecours, du moins il ne s'enfermoit pas feul avec elle comme le P. Girard, il y étoit avec fes Freres, & pendant tout ce tems-là il s'occupoit à faire des prieres pour elle : occupation bien differente de celle du Jefuite.

En troifiéme lieu, ce Valet dit, qu'ayant demandé à la Servante, fi fa maitreffe fe plaignoit du P. Recteur ; elle lui répondit que non, & qu'au contraire, elle difoit lui avoir toute forte forte d'obligations. Quelle impudente impofture ! Quoi, dans ce tems-là on avoit découvert que le P. Girard avoit jetté cette Fille infortunée dans le Quietifme, dans l'Obfeffion, & qu'il avoit commis fur fa perfonne les crimes les plus horribles, ce qui avoit fait dire à Mr. l'Evêque qu'il vouloit chaffer de fon Bercail ce Loup raviffant ; & elle aura dit qu'elle lui avoit toute forte d'obligations. A ce trait peut-on méconnoitre la main des Jefuites ?

Enfin ce Valet veut avoir employé les prieres de la Demoifelle Cadiere pour obtenir un enfant mâle, & que la réponfe ne lui ait pas été favorable : il eft dommage que fa fucceffion foit expofée à tomber en quenoüille.

La Sœur Marie Rofe Barbaroux Religieufe du Monaftere de la Vifitatiou 81. Tem. & le 32. du Promoteur, depofe, qu'elle connoiffoit familierement la Demoifelle Cadiere depuis environ trois ans & demi qu'elle fe confeffoit à Meffire d'Olone Prêtre, qu'alors elle étoit fort empreffée d'avoir & de lire des Livres de pieté, qui parlaffent de revelations, extafes, & contemplations, comme font les vies de Sainte Angele de Foligni, de Sainte Catherine de Genes, de la Dame Houx, & qu'elle les lui avoit pretés.

C'eft-là une impofture bien vifible. 1°. Elle dit là, qu'elle lui avoit preté ces trois Livres, & dans la fuite de fa depofition, elle avoüe qu'elle ne lui en avoit preté qu'un, comme nous le verrons dans un inftant. 2°. Comment veut-elle, que depuis trois ans & demi, & lorfque la Demoifelle Cadiere étoit encore fous la direction de Meffire Dolone, elle eût ces empreffemens pour les revelations, les extafes, & les contemplations, tandis qu'il eft prouvé par la procedure que Meffire Dolone la menoit par les voyes les plus ordinaires de la pieté, & que le P. Girard convient fur les 9. & 23. Inter. que les Vifions, & les Revelations n'avoient commencé que 14. mois après qu'elle fut fous fa direction, & que jufques-là, elle ne lui avoit parlé de rien de pareil.

En fecond lieu, ce témoin dit qu'elle avoit confeillé à la Cadiere de prendre le P. Girard pour fon Directeur, que celle-ci lui en avoit fait des remerciments, qu'elle en faifoit perpetuellement l'éloge, & fur tout de fa modeftie, de fa retenuë, & qu'il ne parloit jamais que de Dieu. La Procedure, les Lettres, & les Aveus du P. Girard en font une belle preuve.

3°. Elle ajoûte, que pendant tout le tems qu'elle a connu la Demoifelle Cadiere, jufques à fon depart pour Ollioules, elle lui a toûjours remarqué une grande envie d'être loüée, aplaudie, & d'avoir en tout la preference, lui ayant connu peu de fincerité, l'ayant fouvent furprife en menfonge, qu'elle foutenoit hardiment, & entre-autres lui ayant nié d'avoir preté à Mariane Laugier la boffuë, un Livre qu'elle avoit preté à la Demoif. Cadiere, & qu'une autre fois celle-ci ayant acheté une boëte de favonetes, elle la porta à la Depofante, & la pria de l'envoyer à fa maifon comme un prefent qu'elle lui faifoit, pour cacher à fa mere qu'elle l'eût achetée, ce qui eft arrivé plufieurs fois pour des femblables babioles.

Si

Si cette Religieuse n'avoit pas avoüé lors de sa confrontation avec la Cadiere sur les reproches qu'elle proposa contre elle, qu'elle est la penitente actuelle des Jesuites; on auroit lieu d'etre surpris de voir sortir tant de faussetez de sa bouche: Mais après son aveu, toute surprise doit cesser, & il n'est personne, qui ait l'esprit assez paresseux, pour n'avoir pas compris depuis le commencement de ce procez que cette affaire étoit trop interessante pour les Jesuites pour negliger leur merveilleux talent de faire dire à leurs témoins, & sur tout à leurs pénitentes, les impostures, & les faussetez les mieux marquées pour tacher de jetter quelque doute sur les crimes de leur Confrere, qui leur sont si connus, & depuis si long-tems, pour incriminer son Accusatrice, & toute sa famille, & pour répandre sur elles les soupçons les plus faux, & les plus calomnieux. Mais si la Demoiselle Cadiere avoit une si grande envie d'être loüée, aplaudie, & d'avoir en tout la preference ; d'où vient qu'elle cachoit, autant qu'il dependoit d'elle les faits extraordinaires que le P. Girard lui faisoit accroire être des miracles de la grace ? D'où vient qu'elle faisoit penser ses stigmates, comme des playes naturelles, & que son Confesseur eut besoin de toute l'authorité de son ministere pour lui en faire ôter les emplâtres ? D'où vient que par modestie elle ne pouvoit pas se resoudre à faire, & à donner le Carême, qui contenoit l'histoire de ses prodiges, quoique le P. Girard l'en sollicitât, & le lui ordonnât depuis si long-tems, même de la part de Dieu, comme il est prouvé par les Lettres produites au procez ?

Où est la preuve du peu de sincerité de la Demoiselle Cadiere, & qu'elle l'avoit surprise en mensonge ? Est-ce parce qu'elle lui avoit nié qu'elle avoit preté à Mariane Laugier la Bossuë le Livre, que ce témoin lui vouloit avoir preté ? Mais n'est-ce pas-là vouloir prouver une fausseté par une autre ? Est-ce parce qu'elle l'avoit priée de lui envoyer à la maison de sa mere comme si c'étoit un present une boëte de savonetes, & d'autres babioles que la Demoiselle Cadiere achetoit sous main ? Mais le fait de cette boëte de savonetes n'est-il pas tout évidemment faux ? Car qu'auroit-elle fait d'une pareille chose, pouvoit-elle servir à son usage, à moins que ce n'eût été pour en faire present au P. Girard ? Mais pour achever de montrer la fausseté de ce fait, & de celui des babioles achetées sous main par la Demois. Cadiere, & qu'elle vouloit faire accroire à sa mere lui avoir été données en present, il suffit de faire reflexion, qu'il est prouvé par la procedure, que la Demois. Cadiere mere, qui faisoit de sa Fille son idole, lui achetoit non seulement tout ce que celle-cy vouloit, mais même ce qu'elle ne vouloit pas ; jusques-là que la Guiol dont le témoignage n'est sans doute pas suspect à l'Accusé, dit que la Demoiselle Cadiere par vertu, & par modestie n'avoit pas voulu porter des habits qu'on lui avoit fait, parce qu'ils étoient trop propres.

4°. Ce témoin dit que la Cadiere mere lui avoit fait le détail des merveilles qui s'operoient en la personne de sa Fille, qui étoit alors au Couvent d'Ollioules; qu'elle apelloit le Confesseur de celle-cy, un saint homme. C'est ce qui prouve la fascination, & l'aveuglement où il avoit jetté toute cette famille.

Ce témoin ajoûte, que la Demoiselle Cadiere mere lui avoit dit que le Confesseur de sa Fille ne vouloit pas, qu'elle sortit du Couvent, qu'elle en vouloit sortir, & qu'elle en étoit sortie contre le sentiment du P. Girard. Cela prouve qu'il l'avoit mise malgré elle au Couvent, qu'il y vouloit retenir de même ; nous en avons deja touché le motif.

La Sœur Marie Gaudin, & la Sœur Therese Hiacinte Portalis Religieuses du même Monastere 82. & 83. Tém. & les 33. & 34. du Promoteur, deposent d'avoir oüi dire à Magdelene Pauquet, que quand la Demoiselle Cadiere étoit à la Bastide de son Oncle, le Prieur des Carmes la visitoit assidüement ; qu'il restoit avec elle l'après-diné dans sa chambre ; qu'il dansoit avec elle, chantoit des chansons, & faisoient choquer le verre. Nous avons détruit cette imposture en examinant le témoignage de la Sœur Therese Saurin Religieuse du Couvent Sainte Ursule de Toulon 73. Tem. & le 24. du Promoteur, même par Magdelene Pauquet que ces Religieuses veulent le leur avoir dit, & qui leur donne un démenti.

H

2°. Elles difent d'avoir oüi dire, que le Carme avoit joüé aux boules avec la Demoifelle Cadiere. Nous avons deja expliqué ce fait fur la depofition de la Sœur Therefe Saurin. C'étoit-là un amufement bien innocent; fi l'Accufé n'en avoit pas eu d'autre, il feroit canonifé. Quelle recherche de la part des Jefuites!

La Sœur Gabrielle de Camelin cadete 84. temoin & 25. du Promoteur, eft un témoin fuborné qui ne peut faire ici aucune foy. 1°. Sa fubornation eft prouvée par la depofition de Marguerite Ainaude raportée à la pag. 3. de cette Analife.

2°. C'eft un des temoins expreffement denomés dans la Lettre, que l'Accufé avoit fait écrire par la Dame Cogolin à la Dame de Beauffier la cadete.

3°. Parce qu'elle depofe precifement les faits contenus dans cette Lettre, qui renfermoit le fifteme de cette fubornation. Les faits mentionés dans cette Lettre, & qu'on recommandoit de faire dire aux temoins, étoient, le premier, d'avoir oüi dire à la Tourriere que la Cadiere étoit une fainte, qu'elle faifoit même des miracles. Le fecond fes liaifons avec la famille des Cadieres. Le troifieme qu'on apelle le principal, que fes gens lui avoient promis une penfion pour fon entretien; & afin que ces faux témoins púffent imaginer tous les faits qui pourroient être contraires à la depofition de cette Tourriere, on y dit qu'elle avoit depofé que le Recteur avoit baifé la Cadiere de la fenêtre de la grille du Chœur, une autre fois dans fon lit, & autres chofes de cette nature.

Or tous ces faits ont été depofés par la Sœur Aubani, & par la Sœur Beauffier la cadete, & comme celle-cy avoit deja été oüie lorfqu'elle reçú la Lettre de la Dame de Cogolin du 28. Janvier dernier, elle les a ajoûtés dans fon Recolement. Nous allons maintenant faire voir que la Dame de Camelin la cadete, la Dame de Beauffier l'aînée, l'Abbé Portalis, & le Pere Aubani Obfervantin, qui font les autres quatre temoins de ce complot, les ont auffi depofés, & que cela forme une conviction entiere de l'execution de cette Lettre, & de cette fubornation.

La Sœur de Camelin la cadete depofe 1°. Que quand la Cadiere demeuroit dans ce Monaftere, elle étoit fujette à des frequentes Extafes, qui la faifoient paffer pour une fainte dans toute la Communauté; qu'elle n'y ajoûtoit pourtant pas foy, & la regardoit comme une hipocrite; qu'elle en dit fon fentiment entre-autre le jour de Saint Loüis tant à la Superieure qu'au Provincial; que la Superieure en fut ébranlée, & que le Provincial lui dit de fe defaire au-plutôt de cette Fille : & que ce qui lui avoit perfuadé que la Cadiere étoit une hipocrite, c'eft qu'elle avoit autant d'attache pour le parloir que d'éloignement pour les exercices de la Communauté.

Mais ce ne font-là, que des fauffetés, & même des contrarietés. Car 1°. fi la Cadiere aimoit à être au parloir, & fuyoit les exercices de la Communauté, elle n'étoit donc pas hipocrite, puifqu'on ne peut donner ce nom qu'à ceux qui en rempliffant en aparence tous les devoirs de la plus auftere vertu, portent neanmoins dans eux-mêmes un fonds de depravation.

2°. Que la Sœur de Camelin ne faffe pas ici l'efprit fort, & éclairé : elle avoit été éblouïe comme toutes les autres Religieufes de cette Communauté des preftiges de l'Obfeffion, où le P. Girard avoit jetté la Demoifelle Cadiere; & il eft fi faux qu'elle eût donné un pareil avis ni à la Superieure ni au Provincial, ni que celui-cy eut recommendé à la Superieure de fe defaire au-plutot de cette Fille, que d'une part il eft prouvé par la depofition de l'Abbeffe 19me. temoin, que tant que la Demoifelle Cadiere avoit demeuré au Couvent elle en avoit eu des idées très-avantageufes fur ce que le Pere Recteur lui en avoit dit, & que ce ne fut qu'après qu'elle aprit des chofes, qui changerent fes idées; cela prouve bien nettement la fauffeté de l'avis que la Sœur de Camelin dit de lui avoir donné; & de l'autre, comment veut-elle perfuader que le Provincial eût ordonné à la Superieure le jour de Saint Loüis de fe defaire au-plutôt de la Demoifelle Cadiere, puifqu'il eft prouvé que c'eft elle-même qui n'y voulut plus demeurer, & qu'elle n'en fortit que le 17. Septembre au grand regret de toute la Communauté, qui jufque-là l'avoit regardée comme une fainte. Mais pour achever de confondre ce temoin, nous n'avons befoin que du langage de l'Accufé fur la fin de la pag. 23. & au commencement de la page 24.

de son Mémoire, où il dit que la Superieure lui avoit écrit une Lettre par laquelle elle lui parloit de la Cadiere, comme du plus excellent sujet ; que Dieu la combloit de ses graces ; que la Maitresse des Novices dans les Mémoires qu'elle avoit tenus de l'ordre du P. Girard, la comparoit à un Seraphin, qui ravissoit & embrasoit toute la Communauté ; & que toute la maison de Sainte Claire avoit marqué tant d'empressement pour la retenir, & tant de crainte de la perdre.

3°. Elle depose qu'un Dimanche qu'un homme scioit du bois, la Maitresse des Novices ayant dit à la Cadiere, qu'elle en étoit scandalisée, celle-cy lui repondit, que cela ne continueroit pas, & que cet homme étoit alors atteint d'une colique : qu'on envoya sur le champ Materone Tourriere chez cet homme pour verifier le fait, & qu'à son retour elle publia dans le Monastere, qu'il étoit atteint d'une dangereuse colique, ce qui fit alors crier au miracle dans tout le Couvent. La Sœur de Camelin ajoûte que ne l'ayant pas crû, elle chargea Messire Portalis Prêtre d'aller verifier le fait, & qu'il lui raporta que la femme de ce fendeur de bois l'avoit assuré que son mari n'avoit jamais eu de colique, & que la Tourriere n'avoit pas même été chez elle, que cette verification fut faite environ un mois après ce miracle : Que la Tourriere publioit alors comme le mois d'après les vertus, Extases, & bonnes qualités de la Cadiere, qu'elle disoit dans le Couvent & ailleurs que si on pouvoit avoir une douzaine de Filles de cette sainteté, ce seroit un des plus grands avantages que cette Communauté pût recevoir du Ciel ; ce qu'elle a publié jusques aujourd'hui. Ce sont les propres termes de sa deposition.

Voila le premier fait que la Lettre de la Dame de Cogolin dit de deposer ; c'est-à-dire, *d'avoir oüi dire à la Tourriere comme la Cadiere étoit une sainte, qu'elle faisoit même des miracles.* La Sœur de Camelin par un effet de sa bonne volonté y a voulu encore ajouter une imposture qu'elle a pretée à la Cadiere, & à la Tourriere au sujet du fendeur de bois. Mais pour étre convaincu que ce n'est là qu'une insigne fausseté de la part de ce témoin, & que la Demoiselle Cadiere n'a jamais dit que ce fendeur du bois eût une colique, que la Tourriere ait jamais été envoyée chez lui pour le verifier, ni qu'elle eût assuré, qu'il fût atteint de ce mal, ni qu'on eût regardé au Couvent cela comme un miracle, c'est que ce temoin veut avoir fait verifier ce fait par l'Abbé Portalis, & que la femme de ce fendeur de bois lui eût repondu que son mari n'avoit point eu de colique ; cependant ce fait n'est prouvé ni par la femme de ce fendeur de bois, qu'on n'a eu garde de faire oüir en temoin, ni par Messire Portalis, qui a deposé, quoiqu'il ait eu la complaisance de se rendre à sa priere le verificateur des trous de la porte du parloir, comme nous le verrons dans un moment. Ce fendeur de bois apellé Bartalot qui est le 89. temoin, dit qu'il est bien vrai, que dans le Lieu, on lui avoit demandé si le Dimanche, qu'il avoit fendu du bois, il avoit eu une colique, & qu'il avoit repondu que non, parce qu'aparemment, lorsque la Dame de Camelin voulut deposer cette fausseté, elle fit faire cette demande à cet homme. Mais il ajoûte qu'on ne lui a jamais rien demandé de pareil de la part de ce Monastere ; en quoy on trouveroit une nouvelle contrarieté, puisque la Dame de Camelin dit que Messire Portalis s'étoit adressé à la femme de ce fendeur de bois, & celui-cy depose qu'on s'étoit adressé à lui ; c'est ainsi que l'iniquité se dément.

Au reste, si ce Temoin en deposant ce faux fait, a pretendu persuader, comme il est aparent, que la Cadiere pretendoit d'avoir la connoissance des consciences, & qu'elle ne l'avoit point, c'est encore une plus grande imposture, puisque comme nous avons prouvé à la page 6. de nôtre Precis, par les Lettres, & les Aveus même du P. Girard, elle connoissoit l'interieur des consciences.

4°. La Sœur de Camelin depose *que 4. ou 5. jours avant que la Tourriere fût deposer à Toulon, elle l'a vûë en conference au parloir avec le P. Cadiere Jacobin, & que son frere l'Ecclesiastique vint la prendre pour la conduire à Toulon, ainsi qu'il l'exposa à la reverende Mere en presence de la deposante, & à son retour elle raporta qu'elle ne s'étoit point arrêtée à la maison de ladite Cadiere, mais qu'elle n'y avoit fait que prendre sa capote en retournant de l'Officialité où elle venoit de deposer.* Voila precisement le second fait marqué dans la lettre de la Dame de Cogolin de faire depofer que cette Tourriere avoit des liaifons avec la famille de Cadiere.

5°. Elle dit *d'avoir entendu dire à la Tourriere que fe doutant de quelque chofe du P. Recteur & de la Demoifelle Cadiere, elle avoit entrepris de les furprendre dans le Parloir par le moyen d'un cordon de foye, qui étoit attaché au loquet de la porte, & qu'ayant trouvé ledit cordon coupé, elle leva la porte par un bras, & les furprit dans un état peu féant, ce que la Depofante a entendu dire à ladite Tourriere aprés qu'elle vint de depofer à Toulon, ce qui l'obligea de verifier fi la porte étoit de la fituation qu'elle lui avoit dit, & de fe fervir pour cela d'un Frere laïc Obfervantin apellé Pierre Jean, lequel aprés avoir vifité ladite porte devant & derriere, tant au-deffous, qu'au-deffus du loquet, non feulement on n'y pouvoit pas paffer un cordon de foye, mais pas même un cheveux de tête, & non contente de cela elle fit faire une vifite à Meffire Portalis Prêtre, qui lui fit un femblable raport, ce qui étoit le 23. Janvier dernier, & le 28. du même mois etant venüe au parloir, elle trouva qu'on y avoit fait un trou, ce qu'elle fit remarquer à quelques unes de ces Religieufes, & quelque tems aprés à Meffire Portalis, qui avoit été temoin quelque jours auparavant qu'il n'y en avoit point. Ajoûte encore que lefdits examens de fa part n'ont pas été par un effet de curiofité, mais par la connoiffance qu'elle a des artifices de ladite Materone & de fon peu de fincerité.*

Nous avons fait voir fur la depofition de la Dame de Beauffier la cadete, qui étoit chargée de l'execution de cette fubornation, la fauffeté du fait de la porte du parloir. Le dernier fait, que la Sœur de Camelin a ajoûté, n'avoit pour objet que de faire tomber la depofition de la Tourriere en repandant fur elle des faux foupçons.

Elle ajoûte dans fon Recolement, 1. Que l'avant-veille de Sainte Claire, ayant vû par le trou de la porte de la Cadiere, lorfqu'elle fe lavoit les pieds, elle n'y avoit reconnu aucune playe.

Quelle indigne occupation fe donne ici cette Religieufe! tantôt de verifier les trous de la porte du parloir, & tantôt d'efpier la Cadiere par le trou de la porte de fa chambre, lorfqu'elle fe lavoit les pieds, pour voir s'il étoit vray qu'elle y eût des playes. Mais ne joint-elle pas ici l'impofture à la baffeffe? Elle veut donc perfuader par là que la Cadiere n'avoit point de playes aux pieds; mais le jour de la transfiguration du 7. Juillet, qu'elle en fit la defcription au P. Girard, & lui dit qu'elle avoit communié miraculeufement, & qu'il lui repondit que c'étoit lui qui l'avoit communiée par transport, n'avoit-elle pas vû les playes des pieds de la Cadiere, & tous ces autres Stigmates, qui rendoient du fang? Ces Stigmates des pieds ne font-ils pas prouvés par les Lettres même, & les Aveus du P. Girard fur le 74. Inter. où il en fait la defcription, & avoüe de les avoir vûës 4. ou 5. fois.

2°. Que la veille de Sainte Claire la Cadiere avoit dit qu'on verroit des chofes extraordinaires qui prouveroient que Dieu ne l'apelloit point dans cette Maifon, que la Maitreffe des Novices lui dit de laiffer paffer le jour de leur Fête tranquilement; ce qu'elle accorda.

C'eft là une pure fauffeté, comme la Cadiere le lui foutint lors de la confrontation, où elle la confondit fur tant d'impoftures, & fit voir quel eft fon caractere, & qu'elle avoit été fubornée.

3°. Elle dit que la veille de Sainte Claire jour de Vendredy, la Cadiere avoit dejeuné avec un poulet. Cecy eft pour perfuader que cette derniere n'a point de Religion, & qu'elle faifoit gras le Vendredy. Mais n'eft-il pas prouvé par les Lettres produites au procès, que par un efpece de prodige, elle ne pouvoit pas avaler le maigre, & que le P. Girard lui avoit confeillé de faire gras, même le Vendredy & le Samedy? Tant il eft vray que tout eft icy employé pour incriminer cette pauvre Fille.

4°. Que toute la Communauté étoit perfuadée de la fauffeté des miracles de la Cadiere, & que tout n'étoit qu'impofture en elle. Nous venons de montrer la fauffeté de ce fait au N. 2. de cette depofition, même par le langage de l'Accufé à la pag. 23. & 24. de fon Factum.

5°. Que les vifites reïterées du Dominicain avoient fait changer de fentiment à plufieurs Religieufes, qui auparavant regardoient le Pere Girard comme un homme

faint,

faint, & trompé par les faux miracles de la Cadiere, & que cela lui avoit fait dire: Si je croyois aux fortileges, je croirois que vous étes enforcelées.

La conftruction de cette phrafe, où l'on reconnoit fi bien le ftile de l'Accufé, fait voir qu'il avoit envoyé à cette Religieufe la minute de fa depofition, & de fon recolement. Mais fi jufques aprés la fortie de la Demoifelle Cadiere de ce Couvent toute la Communauté l'avoit regardée comme une fainte, comment pouvoit-elle regarder le P. Girard comme un homme trompé par les faux miracles de cette Fille? D'ailleurs n'avons-nous pas prouvé invinciblement que ce n'eft pas elle, qui a trompé fon Directeur, mais bien fon Directeur qui l'a trompée elle en la jettant dans le Quietifme, & dans l'Obfeffion, & en lui faifant regarder les illufions comme des prodiges de la grace pour parvenir à abufer d'elle, & pour la tenir dans cet état d'aveuglement.

La Sœur Therefe Beauffier l'aînée Religieufe Glairifte 85. temoin, & le 36. du Promoteur. C'eft la Sœur de la Dame de Beauffier la cadete à qui la Lettre de la Dame de Cogolin avoit été adreffée, & qui y eft defignée par ces termes *& autres de vôtre maifon qui n'ayent point encore depofé.* Puifque ce temoin n'a été oüi que le 19. Fevrier, c'eft-à-dire, 21. jours aprés cette Lettre, qui eft du 28. Janvier precedent, fa depofition en fournit une affés belle preuve.

Elle depofe 1°. *Que dans le commencement que la Cadiere étoit dans leur Monaftere, elle croyoit comme les autres que c'étoit une fainte, de quoi elle fut bien-tôt defabusée par le peu d'attention qu'elle lui voyoit à fes devoirs, fuyant le jeune, la retraite, & la priere.*

Nous avons difcuté ce fait dans l'examen du precedent Temoin.

2°. *Que pour ce qui eft du Pere Recteur des Jefuites, elle n'y a jamais rien vû que de très-édifiant, n'étant entré qu'une feule fois dans le Monaftere à l'occafion d'une pretenduë transfiguration miraculeufe arrivée à la Cadiere, & dans la conduite duquel elle ne vit rien alors que de très-regulier, & de très-conforme à fon caractere & à fon état*

1°. Nous convenons que l'Accufé n'étoit entré dans le Monaftere qu'une feule fois qui étoit le 7. Juillet, parce que la Superieure qui n'avoit pas été édifiée de l'avoir vû trois heures enfermé dans la chambre de fa penitente, ne voulut plus le lui permettre.

2°. Si le P. Girard étoit ici un de ces mondains qui font profeffion ouverte du libertinage, ce feroit un fait de quelque poids, de dire qu'on n'a rien vû dans fon exterieur, que d'édifiant: mais quand il s'agit d'un homme, qui par fon état eft obligé de platrer les dehors; quand il s'agit d'un hipocrite, qui fous les aparences d'une auftere vertu, porte le cœur le plus corrompu, & qui eft par là un homme à deux faces, que peut-on conclurre en fa faveur des témoins qui ne parlent que de la face exterieure, & qu'elle atteinte peuvent-ils donner aux temoins, qui ont vû la face interieure, & aux preuves conftantes de fes crimes.

3°. Si cette Religieufe ne trouva rien que de très-regulier, & de très-conforme au caractere, & à l'état de l'Accufé le jour qu'il refta enfermé tout feul avec fa jeune penitente pendant trois heures, il ne faut pas qu'elle foit autrement fcrupuleufe, ou bien elle a crû que c'étoit là un privilege des Jefuites.

4°. Elle dit *que l'Abbé Cadiere avoit demandé à la Superieure la permiffion de faire depofer la Tourriere (ce qui n'a rien que de regulier) & quelques jours avant fa depofition, le Pere Cadiere Dominicain avoit eu une conference avec elle d'une heure.* Elle n'avance ce faux fait, que pour prouver les pretenduës liaifons de la famille des Cadiere avec cette Tourriere, dont parle la Lettre de la Dame de Cogolin.

5°. *Que le 22. du mois de Janvier elle avoit remarqué, qu'il n'y avoit point de trou à la porte pour entrer au parloir, & que le 28. du même mois, elle obferva qu'il y en avoit un, ne fachant pas qui l'avoit fait.* Cette impofture a été detruite dans l'examen du temoignage de la Sœur Beauffier la cadete; il eft remarquable que le 28. Janvier que cette Religieufe veut avoir fait cette obfervation, eft le jour de la Lettre de la Dame de Cogolin.

I

Ce temoin dans son recolement ajoûte, *Que le jour de l'Extase de la Cadiere, où elle parut dans son lit le visage tout ensanglanté, elle dit à la Superieure de lui laver le visage, & quand cela fut fait, elle dit aux personnes qui étoient presentes, Que dirés-vous de mes yeux pourris; ils ressemblent à des bogues pourries.*

Ce témoin suborné veut par une fausse broderie, donner un air de badinage à cette transfiguration.

Mais pour montrer la fausseté de cette même broderie, il nous suffit d'observer qu'il est prouvé par l'aveu du P. Girard sur le 117. Inter. qu'alors toute la Communauté étoit dans l'admiration de ce prodige. *Interrogé s'il trouva encore la Cadiere dans son Extase, a repondu que non, & qu'elle en étoit revenüe depuis huit heures du matin, il trouva toute la Communauté extasiée des merveilles, qui s'operoient dans la Cadiere.*

2°. *Que ce jour-là le Recteur entra dans la maison, & que c'est la seule fois, qu'il y est entré, & qu'ayant quitté son dîné pour aller apeller sa Sœur, elle passa par deux fois devant la chambre de la Cadiere, où étoit le Pere Recteur, & qu'elle s'aperçût toutes les deux fois à travers la porte, qui étoit entre-ouverte, qu'il étoit assis sur une chaise avec beaucoup de modestie, & que y étant retournée d'autres fois pendant la journée, elle avoit toûjours vû la porte entre-ouverte.*

Que de mouvements! Que d'impostures ne faut-il pas mettre en usage, lorsqu'on veut sauver un Coupable dont les crimes sont si bien prouvés! La Sœur de Camelin veut avoir verifié le trou de la porte du Parloir; avoir examiné par le trou de la porte de la chambre de la Cadiere si elle avoit des playes aux pieds. La Sœur de Beaussier l'ainée pour persuader que le P. Girard ne s'est pas enfermé le 7. Juillet dans la chambre de sa Penitente, & qu'il n'a pas abusé d'elle, veut avoir quitté son diné pour aller apeller sa sœur; comme si l'heure, & la cloche n'avertissoient pas assés. Elle veut avoir passé deux fois devant la chambre de la Cadiere, & avoir vû à travers de la porte deux fois l'Accusé assis sur une chaise avec beaucoup de modestie; elle veut y être retournée d'autres fois pendant cette journée, & avoir toujours trouvé la porte entre-ouverte; n'est-ce pas là tout visiblement le langage de la subornation, & de l'imposture? En effet, il est prouvé par plusieurs Témoins, & entres-autres par l'Abbesse 19me. temoin dans son Recolement, par la Dame de Lescot 20. dans le sien, par la Dame de Guerin 26. aussi dans son recolement, qu'elles entendirent lorsque le P. Girard ferma en dedans la porte de la chambre de sa penitente, & mis le guichet, & qu'il y demeura enfermé depuis 9. heures jusques à midy, & que depuis midy jusqu'à 4. à 5. heures, qu'il continua à y demeurer la porte resta entre-ouverte, & qu'il y entra successivement plusieurs Religieuses.

3°. *Que le P. Dominicain étant au parloir, elle lui temoigna le plaisir qu'elle avoit eu de voir les merveilles de sa sœur; à quoi il repondit, vous verrez des choses bien plus extraordinaires, qui vous obligeront malgré vous d'y croire.*

Si cette Religieuse temoigna au P. Cadiere le plaisir qu'elle avoit eu de voir les merveilles de sa Sœur, elle ne les regardoit donc pas comme des momeries, ni des scénes, mais comme des vrais prodiges, puisqu'autrement elle n'en auroit pas fait la matiere d'un compliment de felicitation; ce qui detruit même la fausseté de la broderie qu'elle a voulu ajoûter à cette transfiguration.

4°. *Que le Dominicain aprés l'Exposition de la Cadiere est venu pendant 3. jours consecutifs parler en secret à quelques unes des Religieuses.* C'est là une fausseté, qui n'est que dans la bouche des Temoins mentionés ou designés dans la Lettre de la Dame de Cogolin.

5°. *Que la Tourriere avant que d'aller deposer dit qu'elle avoit trois choses importantes à dire (* ce qui seroit fort indiferent si ce fait étoit vrai *) & qu'à son retour étant dans la cuisine elle dit, je me repent de n'avoir pas accepté une pension qu'on vouloit me donner, ce qu'elle a dit aprés s'être plainte de ce que Mr. l'Evéque de Toulon la menaçoit de la faire sortir de cette maison pour n'avoir pas plutôt averti la Superieure de ce qu'elle avoit à deposer, & suposé qu'elle eût dit la verité.*

1°. Lorsque Mr. l'Evêque fit menacer la Tourriere de la faire chasser du Couvent pour avoir deposé contre le P. Girard, elle repondit que si on la mettoit dehors, Mr. l'Evêque lui donneroit donc une pension, comme il est prouvé par la confrontation de cette Tourriere avec la Demoiselle Cadiere, & par Marie Gregoire 35. temoin dans son Recolement; cependant cette cabale de faux temoins a pris occasion de dire de là que les parents de la Cadiere avoient offert une pension à cette Tourriere; fait dont nous avons montré non seulement la fausseté, mais même le ridicule dans l'examen que nous avons fait du temoignage de la Sœur de Baussier la cadete.

2°. Les menaces que Mr. l'Evêque avoit fait faire à cette Tourriere n'étoient pas pour n'avoir pas averti la Superieure de la mauvaise conduite de l'Accusé, puisqu'il a employé tout, & qu'il emploit encore tout son credit, & toute son autorité pour procurer à ce Coupable l'impunité de ses crimes; mais pour avoir deposé contre lui, ainsi qu'il est prouvé par les temoins que nous avons raporté à la page 3. de cette Analise.

Messire Joseph Portalis Prêtre d'Ollioules 86. temoin, & 37. du Promoteur, nommé expressemeut dans la Lettre de la Dame de Cogolin, depose qu'à la priere des Sœurs de Baussier, & Camelin cadete ayant examiné la porte du parloir, il n'y avoit point trouvé de trou; & que quelques jours aprés elles lui firent apercevoir qu'il y en avoit un.

Il faut bien que cette imposture inventée par l'Accusé, eût été marquée à ce Témoin, ou à la Dame de Beaussier la cadete chargée de l'execution de ce complot de subornation, puisque Messire Portalis, qui est nommé par la Lettre de la Dame de Cogolin pour un des faux temoins à faire entendre, n'a deposé que ce seul fait, & que tous les autres temoins du complot l'ont aussi deposé, nous en avons montré la fausseté.

Jean Barrin 87. & 38. du Promoteur a dit ne sçavoir rien de contenu aux plaintes.

Le P. Aubani Observatin 88. Temoin & 39. du Promoteur. C'est ici le fameux Pere Aubani accusé entre-autres d'avoir violé une Fille de 13. ans apellée Marguerite Jouvarde, dont il a acheté le departement, comme il est prouvé au procez, à qui son pardon a été accordé par la Justice Ecclesiastique, à condition qu'il fairoit la fonction de Faux Temoin, & de Subornateur, pour procurer son impunité au Pere Girard, & à qui l'Ordre des Observantins (qui ne favorise, ni ne protege pas le crime) fait faire son procez, ainsi qu'il est si notoire : qui est convaincu par les depositions raportées à la page 3. de cette Analise, d'avoir été avec le P. Boutier son Oncle les instruments des menaces, que Mr. l'Evêque a fait faire aux Religieuses Clairistes pour les empêcher de dire la verité, & d'avoir suborné les 4. ou 5. Religieuses qui deposent les faits contenus dans la Lettre de la Dame de Cogolin, & qui a été mis *in religione*.

Deposé 1°. que l'affaire en question n'est venuë à sa connoissance, que par la voix commune, & par un certain bruit public auquel il n'a jamais ajoûté foy, parce que ces pretenduës Extases, & faveurs singulieres dont la Demoiselle Cadiere se ventoit, ne s'accordoient guère avec les principes de nôtre Religion, ayant même eu une conference avec la Cadiere sur des matieres de pieté, & de Religion, il avoit compris qu'elle vouloit se donner en Prophetesse, sur quoi il auroit perdu dez-lors toute la bonne opinion, qu'on vouloit lui en inspirer, & ne l'avoit plus regardée dez-lors que comme un esprit foible, donnant dans l'illusion, il avoit d'autant mieux fondé cette opinion que cela ne s'accordoit guere avec tout ce qu'il avoit vû de ses propres yeux d'édifiant, & de pieux dans les conversations, qu'il avoit euës en divers tems avec le P. Girard Recteur des Jesuites.

Pour montrer la fausseté de tout cela, il suffit de faire reflexion. 1 Qu'il est si faux que le P. Aubani qui étoit alors le Gardien du Couvent des Observantins du lieu d'Ollioules regardât la Demoiselle Cadiere comme un esprit foible, qui donnoit dans l'illusion, & qui vouloit mal à propos faire la Prophetesse, qu'il est prouvé par la Lettre de cette Fille & par celle du P. Girard du 22. Juillet, qu'il l'avoit consultée pour ses affaires de consc tience. 2°. Que vouloit-il que l'Accusé lui dit qui ne fût pas édifiant, est-ce par là qu'il veut prouver que quand ce Jesuite s'est enfermé avec sa penitente qu'il aimoit si éperduëment, il n'a pas abusé d'elle? Voilà un beau collaudateur.

2°. *Qu'ayant apris que Messire Cadiere Ecclesiastique étoit venu à Ollioules pour prendre la nommée Materonne Tourriere des Dames Sainte Claire, pour aller déposer sur l'affaire de sa Sœur, étant lui Deposant quelque moment aprez dans une fenètre de son Couvent, il vit passer ladite Materonne suivant le chemin de Toulon, & un demi quart d'heure aprez, il vit venir ledit Messire Cadiere Ecclesiastique tenant le même chemin.*

Cela prouve que l'Abbé Cadiere, & la Tourriere n'alloient pas seulement ensemble lorsqu'elle alloit deposer, puisqu'elle l'avoit devancé.

3°. *Que le lendemain du jour que Materone étoit allée deposer, étant allé voir sa Sœur Vicaire du Monastere Sainte Claire, lui ayant demandé ce que ladite Materone étoit allée faire à Toulon, elle répondit qu'elle y avoit été pour aller deposer au sujet de l'affaire de Cadiere, qu'elle l'avoit fait sans permission, & sans être citée, ce qu'elle croyoit, ce qui lui avoit donné lieu de lui en faire des reproches, ausquelles ladite Materonne repondit qu'elle étoit fachée de n'en avoir pas dit d'avantage, & de n'avoir pas accepté une pension qu'on lui offroit, sans nommer qui: le tout ayant été dit au Deposant par sadite Sœur.*

Il est prouvé par la procedure, que cette Tourriere avoit été assignée; & par les précédents témoins, que l'Abbé Cadiere avoit demandé la permission à la Superieure. A l'égard du fait de la pension, nous en avons montré la fausseté, & le ridicule dans l'examen du témoignage de la Sœur Beaussier la cadete.

4°. *Que dans une visite de bienseance, qu'il fit à la Dame de Camelin cadete, il en fut prié de voir, & d'examiner de pres s'il n'y auroit point de petit trou à la porte du Parloir, & du côté du loquet, ce qu'ayant attentivement examiné, il trouva, n'y en avoir point, & que quelques jours aprez y étant retourné, la même Religieuse lui ayant fait la même priere que la precedente, il y trouva effectivement un trou, fait, & un de commencé dans l'endroit cy-dessus cité, & tous les deux fraichement faits.*

Pour prouver que le P. Aubani est un Subornateur, & un Faux Témoin, comme la Demoiselle Cadiere le lui a soutenu dans sa confrontation, il suffit de remarquer qu'il veut avoir fait ces deux fois la verification des trous de la porte du parloir à la priere de la Sœur de Camelin la cadete; cependant celle-ci declare dans sa déposition, qu'elle fit faire la premiere verification de la porte du parloir par un Frere laïc Observantin apellé Pierre Jean, & la seconde par l'Abbé Portalis. C'est ainsi que l'iniquité & l'imposture se découvrent à chaque pas: *mentita est iniquitas sibi.*

La discussion que nous venons de faire des témoignages des Sœurs Beaussier, de la Sœur Aubani, de la Sœur de Camelin la cadete, de Messire Portalis, & du P. Aubani, prouvent évidemment que ce sont là les six faux témoins, qui ont consommé le projet de subornation contenu dans la Lettre de la Dame de Cogolin du 28. Janvier dernier.

Mais nous demandons ici en vertu de quoi on a assigné ces témoins pour leur faire déposer le fait des trous de la porte du parloir, & celui de la pension? En vertu de quoi les ont-ils deposez? En vertu de quoi le Juge a inseré de pareils faits en redigant leurs depositions? Par quelle prévarication le Vengeur public a-t'il fait assigner ces faux témoins pour procurer à l'Accusé des faits justificatifs, ou des reproches contre la deposition de la Materone, & pourquoi l'Official a-t'il reçû ces faits? Ignoroit-il que suivant la Loy, & les Arrests de Reglement, il est deffendu aux Juges en procedant aux Informations d'y inserer d'autres faits que ceux qui sont contenus dans la plainte. Or le fait des trous de la porte du Parloir, & celui de la pension étoient-ils compris dans la plainte de la Demoiselle Cadiere, ou dans celle du Promoteur? Avoient-ils demandé l'un, ou l'autre qu'il fût informé sur ces faits? Ignoroit-il que la preuve des faits justificatifs ne peut être faite qu'à la Requête de l'Accusé, qu'après le procès extraordinaire, & après avoir été expressement or-
donnée;

donnée, & que cette preuve doit être limitée aux faits juſtificatifs coarétés dans le Jugement qui l'ordonne, ſuivant les Art. I. & II. de l'Ordonnance Criminelle Tit. XXVIII., ce qui ſuffiroit pour le rejet de ces faits.

A l'égard de Jean Bartalot 89. Tem., & 40. du Promoteur, nous avons fait voir l'inutilité de ſa depoſition dans l'examen de celle de la Sœur de Camelin; c'eſt ce fendeur de bois dont elle parle.

Voilà l'Analiſe exacte de tous les Temoins produits par le Promoteur : & il paroit par là, 1°. Que ce ſont des témoins évidemment ſubornez.

2°. Que tout ce que ces témoins depoſent eſt viſiblement faux, & détruit par une foule de témoignages irreprochables, par les Lettres & les Aveus du P. Girard.

3°. Que ces témoins ne depoſent même que des faits juſtificatifs en faveur de l'Accuſé, ce qui eſt une indigne proſtitution du miniſtere public de la part du Promoteur, qui au lieu de raporter les preuves des crimes de ce Jeſuite qui bleſſent ſi mortellement la Religion, & d'en pourſuivre la vengeance, n'a penſé qu'à éluder celles que ſon Accuſatrice en raportoit, & à procurer à ce Coupable ſon impunité. Peut-on imaginer rien de plus odieux, que de voir un Vengeur public vouloir immoler l'Innocence, pour ſauver un Directeur Inceſtueux, un Corrupteur de la Loy de Dieu & de la pureté du Dogme de ſa Religion, & un Sacrilege Prophanateur de ſes Sacremens.

C'eſt par un effet de la ſubornation des Jeſuites, & des menaces que le P. Boutier & le Pere Aubani avoient faites aux Religieuſes Clairiſtes de la part de Mr. l'Evêque, qu'on a fait ajoûter des faits contraires à la verité à quelques uns de nos témoins dans le recolement. Sçavoir à la Dame de Reimbaud 22. que la Cadiere lui avoit dit qu'elle avoit des Viſions, & des Revelations depuis ſon bas âge; tandis qu'il eſt prouvé par l'Aveu de l'Accuſé ſur les 9. & 23. Inter. qu'elle n'en avoit eu que 14. mois après qu'elle fut devenüe ſa penitente.

A la Dame Claire de Guerin 27. temoin, qu'elle avoit trouvé dans la chambre de la Cadiere d'une part un bouchon proportioné aux trous qu'elle avoit aux pieds. Peut-on rien concevoir de plus ridicule? Prend-elle les Stigmates des pieds de la Cadiere pour des bouteilles? Ce fait eſt ſi abſurde qu'il n'eſt dans la bouche d'aucun autre temoin; & de l'autre du ſinabre dont elle croyoit que cette Fille ſe barboüilloit. La Cadiere dans la confrontation lui a fait voir que ce ſinabre n'étoit que pour peindre une mitre de papier, pour ſe rejouir avec les Penſionnaires. Ce temoin a convenu de la verité de cette mitre de papier à la confrontation. Mais la realité des transfigurations, & des Stigmates n'eſt-elle pas bien prouvée par les Lettres-mêmes, & les propres Aveus du Pere Girard?

A la Dame Marguerite Guerin 37. temoin, qu'elle avoit oüi dire à la Tourriere qu'elle ſe repentoit de n'avoir pas accepté la penſion qu'on lui avoit offerte : nous avons montré la ſupoſition.

A la Batarele que quand la Demoiſelle Cadiere étoit à la Baſtide de Pauquet, le Prieur des Carmes couchoit dans la même chambre qu'elle & la chatoüilloit. Quel entêtement de vouloir abſolument qu'un Carme Dechauſſé ſoit un Jeſuite. Le Deffenſeur du Pere Nicolas a fait voir la fauſſeté de ce fait à la pag. 52. de ſon Memoire, & que n'étant pas compris dans la plainte du Promoteur, ni dans celle de la Demoiſ. Cadiere, on n'a pas pû le recevoir, & qu'on n'y peut pas avoir égard ſuivant les Arrêts de Reglement. Nous nous contenterons d'ajoûter ici le motif de cette fauſſe addition.

D'abord que la Demoiſelle Cadiere eut été forcée de porter ſa plainte à la Juſtice, par des ordres ſuperieurs elle fut enfermée au Couvent des Urſulines de Toulon, l'Allemande dans celui du Bon-Paſteur, & la Batarelle au Refuge. Celle-cy après avoir depoſé, & dit la verité dans ſon expoſition, on la ſollicita de ſe retracter au recolement, ou du moins de charger la Cadiere, & le Prieur des Carmes, afin de faire par là une diverſion, & on lui promit que ſi elle le faiſoit, on obtiendroit un ordre, pour la mettre en liberté. L'envie qu'elle avoit de ſortir du Refuge, l'y determina; & après qu'elle eut fait cette fauſſe addition au Recolement, elle dit à ceux qui lui avoient fait cette promeſſe, qu'elle meritoit bien qu'on lui tînt pa-

K

role. En effet, peu de tems après il arriva un ordre, qui la mit en liberté, ce qui obligea la Demoiselle Cadiere de comprendre ces faits dans les Actes Proteſtatifs qu'elle fit ſignifier à Mr. le Procureur General les 15. & 16. Mars. Voilà par quelles voyes iniques les Jeſuites ſont parvenus à la preuve des faits contenus dans la Procedure du Promoteur. Et pour aſſortir tout cela l'Accuſé a encore fait pluſieurs additions, & alterations aux Lettres de la Querelante, comme il eſt prouvé par ſes propres Aveus dans ſa confrontation avec l'Abbé Cadiere. A-t-on jamais employé plus d'iniquité dans une procedure? Et ne peut-on pas dire que ceux qui voudront aprendre l'art de la ſubornation dans ſa haute perfection, n'ont qu'à l'étudier dans la Procedure du Promoteur, en y joignant les anecdottes qui l'accompagnent.

Les Jeſuites dans le deſeſpoir de leur cauſe, ont eu recours à une ruſe dont ils ſont ſeuls capables. En abuſant de la confiance ſans bornes que Mr. l'Evêque a pour eux, & de ce qu'il a la vûë ſi baſſe qu'il ne peut pas lire, ils vienent de lui faire ſigner un Mémoire compoſé par l'Autheur de celui de l'Accuſé, qui ne contient en propres termes, qu'une repetition de tous les faits contenus dans le Memoire du P. Girard, dont nous avons prouvé la fauſſeté par une foule de Temoins irreprochables, par ſes Lettres, & ſes propres Aveus, comme tout le monde en eſt convaincu. Pour prouver que ce Memoire ne contient rien qui ne ſoit contraire à la verité, il ſuffit d'en rapeller ici deux traits. On fait dire à ce Prelat que le Pere Girard a quitté la Demoiſelle Cadiere; cependant il eſt prouvé par la Lettre de l'Accuſé du 15. Septembre 1730. que c'eſt elle qui l'a quitté malgré lui, & de l'ordre de Mr. l'Evêque. 2°. On lui fait dire que le P. Girard eſt innocent, tandis que ſes Lettres, & ſes Aveus renferment la conviction de tous les Crimes dont il eſt accuſé. Le Pere de Sabatier Jeſuite qui eſt le fabricateur odieux de ce Memoire, ne s'y donne-t'il pas ſans pudeur pour œil, & le bras de ce Prelat, même dans cette affaire? C'eſt à ce conſeil ſi paſſioné, & ſi aveugle que doivent être attribuées, toutes les demarches étonantes que Mr. l'Evêque a faites; l'éclat de ce honteux procès par cet Accedit ſi imprudent; ce refus de tout Confeſſeur prouvé par des Comparants, pour forcer la Querelante à ſe departir de ſa juſte plainte; ces menaces faites aux Religieuſes Clairiſtes pour les empêcher de dire la verité juſtifiées par les depoſitions raportées à la pag. 3. de cette Analiſe; tant d'autres traits dont il meriteroit que nous fiſſions ici le detail, puiſqu'il nous y force, & que nous paſſons pourtant encore par reſpect: & enfin ce Memoire où on lui fait par la plus étrange ſurpriſe atteſter le menſonge, & combatre la verité, ſolliciter par ſes Lettres & ſon Greffier la punition des Innocents, & l'abſolution d'un Coupable, dont les crimes lui ſont ſi connus, d'un Miniſtre prévaricateur, d'un Seducteur de ſes Pénitentes, ſes Oüailles, d'un Corrupteur de la Foy, & de la Morale de JESUS-CHRIST, d'un Prophanateur des Miſteres de la Religion, qui eſt devenu le ſcandale de tout l'Univers, & dont il devroit lui-même pourſuivre la vengeance. Il eſt étonant que ce Prelat ne s'aperçoive pas combien les Jeſuites trahiſſent ſon honneur, combien ils le ſacrifient à un de leurs Membres coupable, quand ils l'engagent à faire de pareilles demarches.

N'eſt-ce pas aſſés qu'on ait fait gémir la verité, tant que cette affaire a été à l'Officialité, voudroit-on encore en étouffer la voix ſous les yeux même de la Cour? A-t-on crû par de pareilles voyes d'aneantir le temoignage de plus de 60. Temoins irreprochables, & les Preuves invincibles qui ſe tirent des Lettres & des propres Aveus de l'Accuſé, qui ſuffiroient toutes ſeules pour conſommer ſa conviction & pour prononcer ſa condamnation? Auſſi toutes ces demarches de partialité, & d'oppreſſion de la part de Mr. l'Evêque, qui ſont la cauſe de tous nos malheurs, nous obligent de proteſter icy expreſſément de le rendre reſponſable de tous nos depens domages interêts. Il ne manquoit plus que ce dernier trait à la procedure du Promoteur, & à toutes les autres manœuvres iniques que les Jeſuites ont faites dans ce procez, pour achever de leur attirer toute l'indignation de la Juſtice, & du Public.

Ces Peres vienent de répandre le bruit qu'ils ont ſurpris à la faveur d'un Mémoire non communiqué, qui n'eſt rempli que de fauſſetez, détruites par les Lettres-même, & les Aveus du P. Girard, des Concluſions du Parquet, qui vont à abſoudre leur Confrere, & à condamner à la mort la Demoiſelle Cadiere préalablement apliquée à la queſtion, pour ſon Verbal de Torture vû, être ordonné à l'égard de ſes Freres, & du Prieur des Carmes, ce qu'il apartiendra; & à decreter ſon Avocat & ſon Procureur de priſe de corps. Nous n'avons garde de faire au Parquet le tort de le croire capable d'avoir fait de pareilles Concluſions ſi contraires à l'état des Preuves que tout l'Univers a ſous ſes yeux, & à toutes les régles de la Juſtice. En effet, qui pourroit penſer que le Vengeur public, chargé de la vengeance des crimes, du ſoutien de l'Innocence, de la deffenſe de la Religion, & de la ſeureté publique, eût requis de donner la queſtion à l'Accuſatrice au lieu de l'Accuſé; de la condamner aujourd'hui diffinitivement ſous pretexte d'un complot deſavoüé par le ſens commun; tandis qu'en interloquant là-deſſus à l'égard de ſes Freres, & du Prieur des Carmes, on reconnoitroit que ce complot chimerique ne ſeroit pas prouvé; de punir du dernier ſuplice une Fille dont tout l'Univers reconnoit & publie l'Innocence; & d'abſoudre un Coupable, un Directeur Inceſtueux, un Corrupteur de ſes Pénitentes & des Dogmes de la Religion, un Prophanateur des Sacremens, dont ce même Univers a déja prononcé la condamnation; & dont il demande à la Juſtice le châtiment & la mort. A l'égard des Deffenſeurs de la Demoiſelle Cadiere, on jugera ſi pour avoir deffendu l'Innocence, les droits du Public, & de Dieu-même, ils meritent d'être punis, ce qu'ils n'ont garde de craindre. Pous nous qui ſommes moins inſtruits que les Jeſuites des ſecrets du Parquet, nous ſçavons ſeulement que M^r. l'Avocat General de Gauffridy dont le nom ſeul fait l'éloge, & M^r. l'Avocat General de Seguiran dont la ſolidité de génie, dont le judicieux diſcernement ſont ſi connus, ces deux Magiſtrats ſi recommandables, & dont la voix eſt d'un ſi grand poids, ont opiné au Feu contre ce Jeſuite, & à l'abſolution des autres Parties. Voilà ſans doute de quoi raſſurer l'Innocence; & de quoi effrayer le Coupable; & s'il eſt vrai comme les Jeſuites s'en vantent, qu'une voix de plus ait fait pencher les Concluſions de leur côté; le bruit qu'ils en ont répandu ne leur a procuré d'autre avantage que le dernier poids de la haine & de l'indignation publique. Dieu eſt trop intereſſé dans cette Cauſe pour abandonner l'Innocence & ſa Religion, dont elle ſoutient l'interêt, & pour laiſſer impunis des crimes qui vont à la prophaner impunément, & même à la détruire. Au reſte, le nouveau Roman, que les Jeſuites vienent de faire paroitre dans ce moment, eſt encore plus pitoyable que le premier; on n'a qu'à le lire pour reconnoitre qu'il n'eſt rempli que de fauſſetez détruites par la Procedure, & même par les Lettres & les Aveus de l'Accuſé.

Conclud comme au Procez.

CATHERINE CADIERE.

CHAUDON Avocat.

AUBIN Procureur.

A AIX,
De l'Imprimerie de RENE' ADIBERT Imprimeur du Roy.